Almut Otto

Unterwegs auf 4 Pfoten in & um München

Abwechslungsreiche Ausflüge mit Hund

J. BERG

Inhalt

Einführung

Museum & Ausstellung

Spiel & Spaß

Draußen

Safari

Training

Zweibeiner-Specials

Der besondere Ausflug

Pluto in urbaner Fotokulisse

Einführung

DIE BESONDERHEIT EINES HUNDE-AUSFLUGSFÜHRERS

»Was ist denn ein Ausflugsführer für Hunde?«, wurde ich oft gefragt, als ich von diesem, meinem neuen, exotischen Projekt eines Ausflugsführers auf vier Pfoten in und um München erzählte. Die einen erwarteten, dass ich verschiedene Wanderwege aufzeichne, und die anderen stellten sich vor, eine Übersicht zu erhalten, in welche Ziele ein Vierbeiner mitdarf und in welche nicht. Bezogen auf München wäre dieses Buch bei letzterer Variante vermutlich gerade einmal zwei Seiten dick geworden. Kurzum: In die Münchner Museen darf kein Hund mitgenommen werden. Und draußen, auf den übrigens über 1200 Grünflächen, die allein der Stadt gehören, weisen die bekannten grünen Poller darauf hin, wo Hundeverbot herrscht. Dazu später mehr.

Was es aber noch nicht gibt, ist eine Anregung zum Blick über den Tellerrand. Eben spannende Ausflüge mit dem Hund zu unternehmen, die mehr als nur eine Gassirunde sind. Erlebnisse, bei denen die Fellnase am Ende des Tages definitiv gut schlafen wird, die Mensch und Vierbeiner immer mal wieder aus der Alltagsroutine ausbrechen lassen. Denn das ist gut fürs Gehirn, fürs Gemüt und fördert das Miteinander. Natürlich bedürfen die Ausflüge einer gewissen Vorbereitung. So liegen die ganz kleinen Abenteuer in München gleich um die Ecke, die nächsten sind bequem mit den öffentlichen Verkehrsmitteln zu erreichen und andere wiederum doch besser nur mit dem Auto. Auch ist vielleicht nicht jede Aktion zu jeder Zeit für Ihren Begleiter auf vier Pfoten eine gute Wahl. So empfiehlt es sich beispielsweise nicht, Welpen unbedacht auf eine eingezäunte Hundewiese zu lassen, nervöse Fellnasen mit ins Restaurant zu nehmen oder Balljunkies auf den Golfplatz zu bringen. Und auch während der Unternehmung sollte nicht das Erlebnis selbst, sondern die Machbarkeit für beide im Vordergrund stehen. Schließlich sind wir es, die unseren Schützling in diese neue, ungewohnte Situation bringen. Wenn er beispielsweise Angst auf dem SUP-Board zeigt, gilt es nicht, ihn zu zwingen, sondern lieber ein paar Schritte zurückzugehen und ihn vielleicht doch erst einmal besser an das Wasser oder das Gerät zu gewöhnen. Wer die empfohlenen Tipps mit Bedacht wählt, wird neben den vielen neuen Eindrücken mit Sicherheit eine engere Beziehung zu seinem Hund aufbauen – denn gemeinsame positive Erlebnisse stärken die Bindung.

AUFTEILUNG UND INHALTE DES BUCHES

Aufgeteilt ist das Buch in sieben unterschiedliche Kapitel mit den Schwerpunkten »Museum & Ausstellung«, »Spiel & Spaß«, »Draußen«, »Safari«, »Training«, »Zweibeiner-Specials« und »Der besondere Ausflug«. Jedes Kapitel beinhaltet jeweils fünf unterschiedliche Tipps. So sind tatsächlich Museen und Ausstellungen zu finden, die – Indoor wie Outdoor – die Mitnahme von Hunden erlauben. Das nächste Kapitel ist Orten gewidmet, an denen der Hund einfach einmal Hund sein kann. Und – sozusagen fast ungehemmt – das tun darf, was ihm Spaß macht, zum Beispiel spielen, schnüffeln oder planschen. Danach folgen Ausflüge in die Natur, die in der Regel auch zum Schnüffeln oder Bewegen einladen. Eine besondere Herausforderung für Vierbeiner ist das Kapitel Safari, bei denen unsere Fellnase gezielt, aber gesichert, mit anderen Tierarten in Kontakt kommt. Nicht ganz so zügellos, aber sicherlich nicht mit weniger Vergnügen verbunden, ist das Kapitel Training. Hier lernen unsere vier Pfoten neue Dinge kennen – von Agility bis hin zum SUPen. Bei manchen Ausflügen darf auch der Zweibeiner durchaus einmal an sich denken, Hunde sind hier aber als Begleitung durchaus willkommen. So gibt es Restaurants mit speziellen Hundekarten und Hotels, in denen sich auch Hunde pudelwohl fühlen. Und schließlich gibt es noch Ausflüge, die sich schwer kategorisieren lassen. Dazu gehören ein Fotoshooting in der Stadt wie auch virtuell gelenkte Erlebnisse, die in einer selbst gewählten Umgebung umgesetzt werden. Das ist definitiv etwas anderes als die ganz alltägliche Gassirunde. Sicher gibt es noch viele Möglichkeiten mehr, die nicht alle aufgelistet wurden. So ist das Buch auch als Anregung zu sehen, selbst neue Ziele zu entdecken.

Zur besseren Übersicht sind die Ausflugstipps mit Icons versehen. So ist auf einen Blick zu erkennen, ob bei dem Erlebnis in erster Linie Trainieren, Spielen oder Planschen angesagt ist. Die Icons zeigen auch, ob es sich mehr um einen kulinarischen, kulturellen oder naturverbundenen Tipp handelt und welche hunderelevanten Regeln oder Annehmlichkeiten, etwa Leinenpflicht oder eine Dogstation, existieren.

DIE »NEUE MÜNCHNER (HUNDE-)LINIE« UND MEHR

Im Gegensatz zu vielen anderen Städten gilt in München kein Leinenzwang für Hunde. Sprich: »Das Freilaufenlassen und Mitführen von Hunden ist in den Grünanlagen generell erlaubt.« Aber: Es gibt Ausnahmen. Und die sollte man als Hundebesitzer kennen, denn sonst drohen Bußgelder.

Leinenpflicht für alle Hunde gilt im Westpark, Bavariapark und im Hartmannshofer Park sowie auch in Parks, die zur Bayerischen Schlösser- und Seenverwaltung gehören, wie der Schlosspark Nymphenburg, Hofgarten, Dichterpark und die Maximiliansanlagen. Man glaubt es kaum: Auch im Englischen Garten (siehe Kapitel 6) herrscht Anleinpflicht sowie selbstverständlich in allen Naturschutzgebieten. Ebenso müssen Hunde im Bereich des MVV – also am Bahnhof sowie in der S- oder U-Bahn – an kurzer Leine geführt werden. Hunde, die andere gefährden könnten, müssen einen Maulkorb tragen. Kampfhunde gemäß der »Bayerischen Verordnung über Hunde mit gesteigerter Aggressivität und Gefährlichkeit« dürfen nicht in die Bahn. Eine allgemeine Anlein- und Maulkorbpflicht gilt für die Reise in der Deutschen Bahn, es sei denn, der (kleine) Hund ist in einer Transportbox. Wenn wir schon beim ÖPNV sind: Im MVV fährt eine Fellnase pro Person kostenlos mit, alle weiteren müssen einen Kindertarif zahlen. In der Bahn fahren Hunde bis etwa der Größe einer Hauskatze kostenlos mit, die anderen müssen einen Hundefahrschein, der per Post (!) zugesandt wird, lösen.

Pluto entdeckt die Ausflugsziele in & um München.

Zudem gilt in München eine Leinenpflicht für große Hunde, also jene, die eine Schulterhöhe von über 50 Zentimetern haben, sowie auch für Hunde bestimmter Rassen, dazu gehören Doggen, Dobermänner, Schäferhunde und Boxer. Für diese gilt die Anleinpflicht in der kompletten Innenstadt mit dem Altstadtring als maßgebliche Grenze, in Fußgängerzonen, verkehrsberuhigten Bereichen, in der unmittelbaren Nähe von Kinderspielplätzen und bei öffentlichen Veranstaltungen, Märkten, Festen sowie Versammlungen im Freien. Die Leine muss vor dem Betreten der entsprechenden Bereiche festgemacht werden. Sie darf nicht länger als zwei Meter sein.

Dann gibt es da noch ein klares Hundeverbot, also Bereiche, die kein Hund betreten darf, an entsprechend ausgewiesenen Orten. Das sind Kinderspielplätze, alle Flächen in städtischen Grünanlagen, die mit dem durchgestrichenen Hund auf den grünen Pollern gekennzeichnet sind, Spiel- und Liegewiesen sowie Zieranlagen und Biotopflächen. Hinzu kommen Bade- und Liegebereiche der Freibadgelände, die Badeseen sowie das Festgelände der Theresienwiese während des Oktober- und des Frühlingsfestes.

Und schließlich gibt es erstens natürlich Ausnahmen für Begleithunde, die – entsprechend gekennzeichnet – wiederum an so gut wie alle Orte mitgenommen werden dürfen. Und zweitens sogenannte Listen- bzw. Kategoriehunde (»Kampfhunde«), die – ohne Negativzeugnis – außerhalb von Privatgrundstücken immer an der Leine geführt werden müssen und nicht in die Bahn (siehe oben) dürfen.

Kurze Statistik: In München gibt es 44 127 angemeldete Hunde (Stand 31.08.2022). Bei

Die Bolonka-Zwetna-Hündin Lisa zeigt Pluto, dass Menschen auch nett sein können.

der Menge spricht es für die Hundehalter, dass ihre Vierbeiner eher selten auffällig sind. Abgesehen von der Erziehung geben nicht entfernte Häufchen gerne Anlass zu Ärger. Dabei sollte es doch bei derzeit über 800 Tütenspendern im Stadtbereich und einer noch viel größeren Menge an Mülleimern jedem gelingen, seiner täglichen Pflicht als Hundehalter nachzukommen. Es will doch keiner dieses eine schwarze Schaf sein, das das lockere Leben mit Hund in München beendet.

PLUTO – DER PROTAGONIST DIESES BUCHES

Wenn Pluto reden könnte, würde er möglicherweise sagen: »Noch vor einem Jahr wusste ich nicht, ob ich diesen Winter überleben werde. Und niemals hätte ich mir träumen lassen, dass ich nicht nur ein neues Zuhause finden werde, sondern nach kurzer Zeit der Akklimatisation so viele spannende Abenteuer erleben werde. Einige waren für mich eine wirklich große Herausforderung – andere waren schlichtweg ein entspannt lustiger Spaß, wie ich ihn in meinem bisherigen Hundeleben noch nicht kennenlernen durfte. Aber mit jedem einzelnen Ausflug bin ich weiter mit meinem Frauchen zusammengewachsen.«

Pluto lebte 2021 als Streuner an einem Strand auf Rhodos in Griechenland. Keiner wusste, wo er herkam. Klar war, dass er einen Vorbesitzer hatte und dass er als Jagdhund eingesetzt werden sollte – darum auch sein kupierter Schwanz. Zu vermuten ist auch, dass er, wie viele Hunde in Griechenland, tagein und tagaus an der Kette gelebt hat. Und dass er ziemlich schlechte Erlebnisse mit Menschen sowie auch mit Katzen hinter sich hat – vor beiden ist er nämlich in Griechenland noch geflüchtet.

Süßwasser, Schnee und Berge – Sundowner-Ausflug zum Chiemsee

Als wir vier Freunde, Manu, Toni, Stefan und ich, auf Pluto trafen, hatte er ein Halsband um, das so eng war, dass es ihm die Luft zum Atmen nahm. Einheimische wie Touristen erzählten uns, dass er im Sommer plötzlich am Strand auftauchte. Monate ließ er keinen Menschen an sich heran. Wer ihn fütterte, musste den Fressnapf hinstellen und wieder verschwinden. Pluto hatte offensichtlich komplett jegliches Vertrauen in die Welt verloren. Warum sich das bei uns änderte, lässt sich nur vermuten. Toni und Manu lebten mit ihrer Bolonka-Zwetna-Hündin Lisa im Wohnmobil am Strand. Vielleicht beobachtete Pluto, wie gut Lisa behandelt wurde. Vielleicht war er auch von der täglichen Fütterung durch Stefan angetan. Vielleicht fasste er auch zu mir Vertrauen, weil ich ihn niemals bedrängte, sondern ihn von sich aus zu mir kommen ließ. Schließlich war es Toni, der es eines Tages schaffte, Pluto das enge Halsband zu entfernen. Und Manu war die erste, die Pluto an einer Leine führte. Wir vier waren uns einig: Dieser Hund muss gerettet werden. Also arbeiteten wir mit dem örtlichen Tierschutz zusammen, um seine Reise nach Deutschland vorzubereiten. Als Manu und Toni abreisten, kümmerten Stefan und ich uns um die notwendigen Impfungen und weitere Versorgung. Im Oktober 2021 war es endlich so weit: Der kleine griechische Jagdhund-Streuner – laut App ein Mix aus Segugio Italiano, Magyar Vizsla und noch ein paar anderen jagenden Hunderassen – zog bei mir ein. Da ahnten wir beide noch nicht, dass ich kurz darauf diesen Ausflugsführer schreiben würde. Ein mutiges Unterfangen mit einem Hund, bei dem man nicht weiß, was ihn alles triggern würde. Doch Pluto hat so gut wie alles mit Bravour gemeistert – und darauf bin ich mächtig stolz.

Museum & Ausstellung

Pluto mit seiner Freundin Yuna im Bauernhausmuseum des Landkreises Erding

1

Bavaria Filmstadt

Hinter spektakulären Filmszenen stecken oft viel Technik, Fantasie und Styropor. In der Bavaria Filmstadt kann sogar der eigene Vierbeiner in Szene gesetzt werden – ein bindungsstärkendes Abenteuer mit einzigartigen Motiven.

Zugegeben, es hat schon etwas gedauert, bis Pluto sich mit dem Glücksdrachen Fuchur angefreundet hat. Immerhin besitzt das etwa 15 Meter große Modell aus der »Unendlichen Geschichte« (1984) riesengroße Ohren sowie Augen, die einen gefühlt von allen Seiten betrachten, und ein noch viel größeres, furchterregendes Gebiss.

Raumeinnehmend, wie sich das aus Angorawolle gefertigte, imposante Kuscheltier in seiner gläsernen Hütte der Bavaria Filmstadt präsentiert, mag sicher kein fremder Hund das Zuhause ungefragt betreten. Doch irgendwann bricht das Eis und die Neugier siegt. Das weiße Fell des hundeähnlichen Filmwesens bietet viele spannende Schnüffelstellen, sodass sich jeder Vierbeiner bald mit dem knuddeligen Riesen anfreundet – so auch Pluto. Fuchur hat es mal wieder geschafft: Er ist bekannt dafür, dass er ängstlichen Wesen Mut macht und in schwierigen Situationen Hoffnung gibt – perfekt, um weitere Abenteuer in den spannenden Filmkulissen zu erleben.

Gestärkt durch die Leckerlis, die es beim Eintritt für alle filminteressierten Hunde gibt, geht es in eine ca. 90-minütige Führung durch die Welt des Films. Pluto reist nach Lummerland zu Jim Knopf und der Lokomotive Emma (2018). Auch lässt er sich in die magische Kulisse von Mozarts Zauberflöte (2022) entführen und bestaunt das pompöse Zimmer von Monostatos im Palast von Sarastro. Irgendwann findet er sich im Klassenzimmer der »Fack ju Göhte«-Trilogie (2013) wieder und darf hier sogar bei einer kurzen Filmproduktion zuschauen. Was wird inszeniert? Natürlich der Kultspruch »Chantal, heul leise«. Sogar in Marsmission ist mein Vierbeiner unterwegs und sucht in der Raumstation von »Stowaway« (2021) nach dem blinden Passagier Michael. Zwar ist Idefix gerade mit Asterix und Obelix auf fernen Abenteuern, als wir zu Besuch im gallischen Dorf sind (Asterix & Obelix gegen Cäsar, 1999), Pluto gefällt's hier trotzdem.

INFOS

Adresse: Bavaria Filmstadt, Bavariafilmplatz 7, 82031 Geiselgasteig bei München, filmstadt.de
Öffnungszeiten: Die Öffnungszeiten können täglich variieren. In der Regel: 10–17 Uhr (Winter) bzw. 9–18 Uhr (Sommer)

Imposant und doch so freundlich: Der raumeinnehmende Fuchur macht ängstlichen Wesen Mut.

Durch runde Tore springen: Das Boot zeigt, warum Agility-Training Sinn macht.

Immerhin wurde der Film ein Jahr später bei der Verleihung des französischen Filmpreises César für das beste Szenenbild nominiert.

Doch am spannendsten ist für Pluto ganz klar das Eintauchen in die Unterwasseratmosphäre der legendären Kulisse von »Das Boot« (1981). Hier macht sich das Agility-Training bei Caro Höfer aus der Schweiz (siehe Kapitel 21) bemerkbar: Statt eines Reifens springt Pluto nun durch die runden Türöffnungen des originalgroßen Bootes U96. Weder die authentisch spärliche Beleuchtung noch die akustische Untermalung mit den charakteristischen Ping-Geräuschen des Sonars können ihn stoppen. Tapfer folgt mir mein treuer Gefährte durch die 55 Meter lange Strecke des Filmsets. Er tänzelt über die schmalen Laufstege des Generatoren- und Maschinenraums, schnuppert nach Leckereien in der Kombüse, spaziert durch den Mannschaftsschlaf- und den Kommandoraum, betritt die Offiziersmesse und schafft es schließlich durch den Torpedoraum wieder nach draußen, wo er sich sein Leckerli klar verdient hat. Und als wir schließlich daheim sind, möchte Pluto nur noch eins: Die spannenden Eindrücke des Tages nochmals in aller Ruhe schlafend verarbeiten. Ruhe bitte! Klappe und … Action!

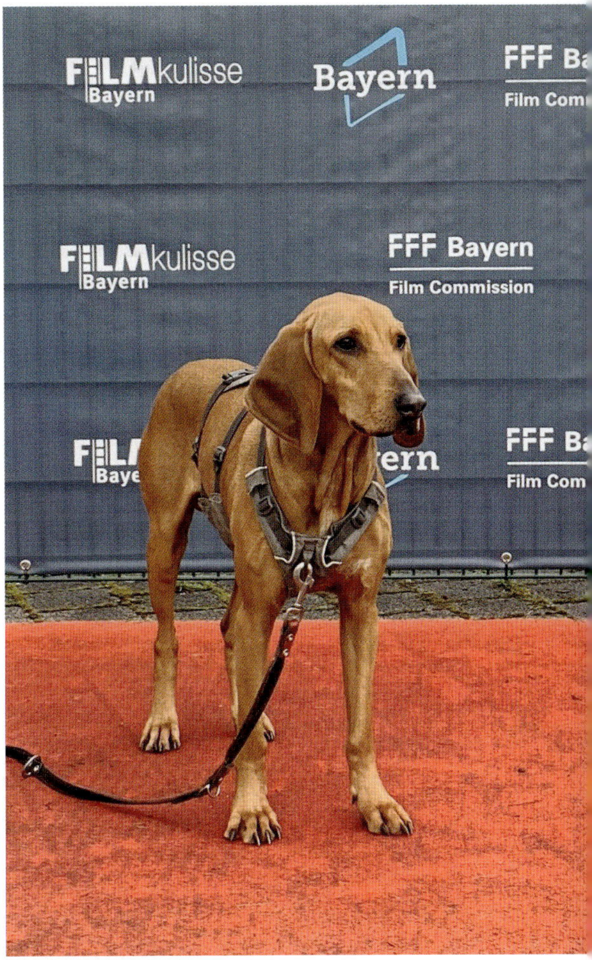

Der rote Teppich für Stars und Sternchen der Bavaria Filmstudios

HINTERGRUND

Seit 1919 werden in der Filmstadt Filme gedreht. Die Besichtigung des 300 000 Quadratmeter großen Mediencampus ist nur mit einem Tourguide möglich. Hunde dürfen während der Filmstadt-Führung an der Leine mitgeführt werden. Ausnahme: Ins 4-D-Kino dürfen Hunde nicht mit. Es gibt vier Wasserbars für die Fellnasen und im Eingangsbereich befindet sich ein Kotbeutelspender.

Tipp: Die Bavaria Filmstadt veranstaltet Dog Days. Hier gibt's verschiedene Aktionen, Verkaufs- und Promotionstände sowie ein Hundecasting und eine Vorführung von Renate Hiltls Filmtierranch.

2

Botanischer Garten

Der Botanische Garten in München ist für Pluto und mich ein großartiger Ort für eine relaxte Gassirunde im komprimierten Globetrotterformat. Denn hier gibt es nicht nur viel zu sehen, sondern auch ein Potpourri an Pflanzendüften aus aller Welt zu erschnüffeln.

Klar ist: Man sollte reichlich Zeit mitnehmen, um diesen entspannenden Ausflug in angemessener Ruhe genießen zu können. Gefühlt springen mir an jeder Ecke faszinierende Fotomotive ins Auge. Auch reicht es Pluto und mir vollkommen aus, dass Hunde – angeleint versteht sich – nur das Freigelände des Botanischen Gartens betreten dürfen. In den natürlich auch absolut sehenswerten Gewächshäusern sind sie nicht zugelassen. Aber ganz ehrlich: Die hätten wir heute vor lauter spannenden Entdeckungen an der frischen Luft sowieso nicht mehr geschafft.

Vielleicht bilde ich es mir ein, aber gefühlt hält sich meine griechische Schnüffelnase besonders lange im Mittelmeergebiet des Alpinums auf. Erkennt Pluto hier gerade heimische Gerüche? Wir ziehen weiter über die Berge dieser Welt und begegnen am großen Teich einem Fotografen, der uns freundlich signalisiert, dass wir achtsam sein sollen. Ich sichere Pluto, nehme ihn auf die andere Seite und gehe langsam auf den Ort des Geschehens zu. »Sehen Sie die beiden Kreuzottern?«, fragt mich der Fotograf und deutet ins Gras. Ich muss mich ganz schön anstrengen, doch irgendwann erblicke ich die zwei Schlangen. Und während wir uns unterhalten, schleicht sich die kleinere von beiden davon. »Die ist noch in der Pubertät«, erfahre ich.

Und plötzlich zückt der Fotograf sein Tele und macht ein paar Schnappschüsse in die Luft. Er hat eine Libelle entdeckt und zeigt mir das gestochen scharfe Ergebnis – atemberaubend schön! Ich könnte mich stundenlang mit dem fotografierenden Tierfreund unterhalten. Und bin gerade auch ein klein bisschen stolz, dass Pluto sich so artig in diesem ungewohnten Umfeld benimmt. Auf uns wartet aber noch das Arboretum mit den Abteilungen der Nadel- und Laubhölzer, und so wandern wir weiter. Kaum zu glauben, dass nur wenige Meter von unserem abgeschiedenen Weg durch die fremden Wälder der Münchener Großstadttrubel tobt.

INFOS

Adresse: Botanischer Garten München-Nymphenburg, Menzinger Straße 65, 80638 München, botmuc.snsb.de
Öffnungszeiten: Täglich 9–16.30 Uhr (Winter) bzw. 9–18 Uhr (Sommer)

Der Botanische Garten hat für angeleinte Hunde architektonische Highlights zu bieten.

Wir spazieren noch durch die Steppe und den Sumpf zum romantischen Arktis-Garten, erobern die Farnschlucht, den Rhododendronhain und den Rosengarten. Zwischendurch laden uns schattige Bänke immer wieder zum Verweilen ein – und schließlich lockt das Café zu einer wohlverdienten Pause. Begeistert von unserer kurzen Reise in die Flora der Welt beschließe ich: Pluto und ich kommen bestimmt bald wieder mal zum Schnüffeln vorbei.

HINTERGRUND

Der etwa 21 Hektar große Botanische Garten wurde am 10. Mai 1914 in Nymphenburg eröffnet. Er zählt zu den bedeutendsten botanischen Gärten weltweit. An die 19 600 Arten und Unterarten werden hier kultiviert. Damit dient er Forschungsprojekten und der Lehrlingsausbildung. Eingeteilt ist der Garten in einen zentralen Teil im neobarocken Stil, einem Alpinum mit Teich sowie einem Arboretum. Hinzu kommen Gewächshäuser, viele kleine Themen-Oasen mit Pflanzen aus aller Welt sowie das Botanische Institut. Zahlreiche Sitzgelegenheiten, ein Café und ein Shop mit Kiosk runden den Ausflug ab.

3

Dackelmuseum

Nicht zuletzt durch den Olympiahund Waldi wird der Dackel gerne den Münchnern zugeordnet. Seine besondere Würdigung aber erhält er an der Donau. Das 2018 in Passau gegründete Dackelmuseum ist 2023 nach Regensburg umgezogen.

Das Motto des Dackelmuseums ist: »Klein, aber oho«. Und diesem wird es mit seinen knapp 5000 meistens kleinteiligen Exponaten voll und ganz gerecht. Es ist vermutlich nicht nur der Welt erstes, sondern auch der Welt einziges seiner Art. Das Museum wird in Privatbesitz von den ehemaligen Floristmeistern Seppi Küblbeck und Oliver Storz betrieben. Die beiden könnten durchaus noch mehr Dackel ausstellen: Über 7500 Dackelerinnerungen haben sie in mehr als 25 Jahren Dackelsammelliebe zusammengetragen. Fast täglich erhalten sie Anfragen, ob sie noch weitere Stücke benötigen. Aber dafür reichte schon 2022 der Platz in den Geschäftsräumen der Passauer Altstadt einfach nicht aus.

Ende April zog das Dackelmuseum, das Pluto und ich noch 2022 in Passau besuchten, nach Regensburg um. Hier wurde neben Museum und Shop auch gleich das Museumscafé »Zum Schwarzen Dackel« integriert. Begrüßt wird der Besucher von der übergroßen Stein-Museumsdackeldame Lisa, die natürlich auch gleich ein wunderbares Fotomotiv hergibt.

Noch bevor wir die Exponate bestaunen, stöbern wir erst einmal durch den Museumsshop. Von Postkarten mit Dackelsprüchen über Zamperlsocken und »aufgedaggelt«-Sprüche-Shirts gibt es hier zahlreiche Dackeldinge zu kaufen. Manche kurios, manche kitschig und manche durchaus praktisch. Wie zum Beispiel die Gassi-Mütze mit integrierter Beleuchtung, die Zamperl-Keksausstecher oder auch lustige Frühstücksbrettchen oder Dackelnudeln.

Nach dem ausgiebigen Begutachten möglicher Souvenirs, wandeln wir hinein ins pure Dackel-Vergnügen. Zum Glück sind die Exponate in den insgesamt 21 Vitrinen nach Themen geordnet, sonst würden wir hier vermutlich leicht die Orientierung verlieren. So verschaffen wir uns erst einmal einen Überblick über die verschiedenen Dackeltypen wie Kurzhaar-, Langhaar-, Rauhaar- und Tigerdackel. Auch der Korbacher Dackel, der ja bekanntermaßen kein Dackel, sondern ein säugetierähnliches Reptil ist, findet in dem Museum seinen Platz. Pluto

INFOS

Adresse: Dackelmuseum, Weiße-Hahnen-Gasse 3/5, 93047 Regensburg
Öffnungszeiten: Ab April täglich 10–16 Uhr

Zu Besuch bei den kurzbeinigen Langnasen

Der Dackel und die bayerische Esskultur

Kultdeko für Oldtimer: Wackeldackel und gehäkelter Toilettenpapierbezug

ist selbstverständlich an den Dackeln als Jagdgefährte interessiert, während ich das Dackelsammelsurium aus Nachlässen und die Verbindung von Dackeln mit dem Adel oder auch Berühmtheiten studiere. Bei dem Thema Dackel als Spielzeug kommen wir wieder zusammen.

Sogar der Wiener Dog aus dem englischsprachigen Raum und der Hotdog sind hier vertreten. Selbstverständlich dürfen der Wackeldackel und Waldi, das Maskottchen der Olympischen Spiele, nicht fehlen. Manche Dackel sind vergoldet, manche sind plüschig, manche zum Beispiel von Picasso gezeichnet und manche in Büchern wie »Rainer und der Dackel Ottokar« oder »Wie erziehe ich einen Dackel« (Band 1) verewigt. Kurzum: Im Dackelmuseum machen Pluto und ich eine Reise rund um die Welt des Dackels. Doch, so erfahren wir, die Welt kommt auch ziemlich gerne hierher. Denn laut Statistik besuchten schon Menschen aus 148 Nationen dieses kuriose Hundemuseum.

HINTERGRUND

Das Dackelmuseum »Kleine Residenz« befand sich bis 2022 am Residenzplatz der Passauer Altstadt und zog 2023 nach Regensburg um. Gegründet wurde es von den Floristmeistern Seppi Küblbeck und Oliver Storz. Küblbeck wusste schon von Kindesbeinen an, dass, wenn er sich mal ein Tier zulegt, dies ein Dackel sein würde. Seine Dackel- und Sammelleidenschaft wandelte er am 2. April 2018 zusammen mit Oliver Storz in dieses private Museum um. Im Shop gibt es zahlreiche Utensilien rund um den Dackel zu kaufen.

4

Erdinger Bauernhausmuseum

Bequem per S-Bahn erreichbar, präsentiert das Bauernhausmuseum des Landkreises Erding fünfzehn Baudenkmäler aus der Umgebung. Für zweibeinige Besucher bietet es eine Reise in längst vergangene Zeiten, für Hunde großartigen Schnüffelspaß.

Schon über 30 Jahre gibt es das Bauernhausmuseum des Landkreises Erding. Entstanden ist es aus dem Umstand, dass viele alte Gebäude in puncto Sanierung für die Bewohner viel zu teuer wurden. Und geboren aus dem Gedanken, dass sie dennoch für die Nachwelt erhalten bleiben sollten. Die Gebäude wurden also versetzt und nach Erding gebracht. Jeder Besucher – so auch wir vier, zwei Mensch-Hunde-Teams – betritt das ca. zwei Hektar große Museum über das Wohnstallhaus Pesenlern, dessen historische Blockstube aus dem Jahr 1627 stammt.

Und schon beginnen wir unsere Reise in eine Zeit, die hier etwa 1930 stehengeblieben ist. Blickfang ist vor allem das Ensemble mit dem Wohnstallhaus Rindbach (gebaut 1790), das gemeinsam mit dem Getreidekasten Rindbach, dem stilecht angelegten Bauerngarten, dem Stadel aus Stetten und dem Backhaus aus Schedenberg eine landkreistypische Hofanlage bildet. Wer einen Blick in die liebevoll dekorierten Gebäude werfen möchte, muss seinen vierbeinigen Begleiter draußen lassen.

Auf dem Areal gibt es noch zwei weitere Getreidekästen. Einer davon stammt aus Neuching und wurde 1581 erbaut. Damit ist er das älteste Gebäude des Museums und zählt gleichzeitig zu den wichtigsten bäuerlichen Baudenkmälern Bayerns. Sehenswert sind seine Verzierungen an den Türen. Denn sie haben neben der großartigen Optik auch eine kultische Bedeutung. So soll beispielsweise der dargestellte Vogel die Schlange, also das Böse, abwehren.

INFOS

Adresse: Bauernhausmuseum des Landkreises Erding, Taufkirchener Str. 24, 85435 Erding, Tel. 08122/933 20, bauernhausmuseum@lra-erding.de; das Museum ist per S-Bahn und über die Regionalbuslinien 561, 562, 5620 Haltestelle »Freilichtmuseum« erreichbar.

Öffnungszeiten: Von Ostersonntag bis Ende Oktober an Sa, So und Feiertagen 10–17 Uhr

Das Ensemble rund um das Wohnstallhaus bildet eine landkreistypische Hofanlage.

Idyllisch liegt der Entenweiher mit seinem Steg am Schuppen Jakobrettenbach.

Pluto und seine Freundin Yuna interessieren diese historischen Feinheiten weniger. Vielmehr finden sie die Gerüche rund um das Museum interessant. Riecht es im Schuppen Jakobrettenbach aus Dorfen (1860) wirklich nach Zuchtgeflügel? Sind in dem angrenzenden Entenweiher Fische zu finden? Oder haben sich in der Torfhütte Oberdingermoos (1920) eventuell ein paar Mäuse versteckt? Während wir uns langsam in die alte Zeit zurückversetzt fühlen, wird der geruhsame Weiler plötzlich zum Leben erweckt: Aus der Schmiede Dorfen (1833) erklingen geschäftige Arbeitsgeräusche. Ein Feuer ist in der Esse geschürt und der Schmied zeigt, was er kann. Geschickt hält er sein Schmiedegut mit der Zange auf dem Amboss und bearbeitet es mit dem Hammer. Wir sind begeistert, dass er dieses alte Handwerk noch beherrscht! Um unsere Hunde aber nicht mit der fremden Geräuschkulisse überzustrapazieren, ziehen wir weiter.

Denn auch das schicke Gartenhaus Isen (1914), die Lourdesgrotte der Kapelle Mooslern (1850) und die über 130 Jahre alte Holzkegelbahn, die nach Anmeldung auch heute noch genutzt werden kann, stehen auf unserer To-do-Liste. Wären wir freitags zwischen 12 und 16.30 Uhr gekommen, hätten wir einen typischen Bauernmarkt erleben können, bei dem selbst gemachte sowie regional angebaute Lebensmittel verkauft werden. Doch wir verhungern nicht: Nebenan liegt ein ländlich eingerichtetes Museumscafé, das zum gemütlichen Verweilen einlädt. Praktischerweise ist das Museum übrigens gut per S-Bahn erreichbar.

Das Bauernhausmuseum lockt zum Wochenendbesuch.

HINTERGRUND

Das etwa zwei Hektar große Museum wurde 1989 eingeweiht. Sein ältestes Gebäude stammt aus dem Jahre 1581 – es ist ein zweigeschossiger Getreidekasten aus Niederneuching. Hunde dürfen an der Leine mitgenommen werden, in die Gebäude dürfen sie nicht hinein. Neben dem Museum gibt es ein kleines Café.

5

Kastenhof Landau

Selten, dass ein Hund mit ins Museum darf. Doch der Kastenhof Landau macht's möglich. An jedem ersten und dritten Samstag im Monat sind Vierbeiner herzlich willkommen – immerhin gehören sie als ältestes Haustier des Menschen ganz klar in die Jungsteinzeit.

Pluto und Yuna haben heute etwas ganz Besonderes vor: Sie reisen mit uns Hundeeltern in die Jungsteinzeit. Doch während Yuna sich schon zu Beginn der Ausstellung sichtlich unwohl fühlt, kann Pluto gar nicht genug herumschnüffeln. Noch nicht einmal die mit 1,45 Metern lebensgroße und echt wirkende Lisar, die vor über 7000 Jahren im Isartal lebte, macht ihm Angst. Vielleicht weiß er, dass ihre Vorfahren diejenigen waren, die mit dem Domestizieren von Nutzpflanzen das Neolithikum einleiteten, in dem sich aus Wölfen langsam Hunde entwickelten.

An die 200 Originalobjekte sind in dem Ende Oktober 2019 eröffneten »Kastenhof Landau – Das Museum für Steinzeit und Gegenwart« ausgestellt. Es gibt zahlreiche Mitmachobjekte, sodass es dem Zweibeiner nicht langweilig wird. Zumal das Museum auch äußerst geschickt die Vergangenheit mit der Gegenwart und sogar Zukunft verbindet. Denn es sieht sich neben der Vermittlung des steinzeitlichen Lebens auch als Plattform, die zu Diskussionen und zur Weiterentwicklung des nachhaltigen Lebens sowie verantwortungsvoller Wirtschaftskonzepte anregen möchte. Und bringt somit vor allem zum Nachdenken.

Zugegeben: Pluto ist das alles wortwörtlich schnuppe. Und so begutachtet er intensiv die ausgestellten, lebensechten Tiere, die auf Steinzeitbauernhöfen gelebt haben. Besonders interessiert er sich auch für den Herzogsaal, in dem heute gelegentlich Veranstaltungen stattfinden. Meiner Schnüffelnase erzählt der Saal sicherlich von der wechselvollen Geschichte des mittelalterlichen Kastenhofes. Aber vielleicht haben sich hier ganz einfach nur ein paar Mäuse versteckt.

Zum Abschluss unseres Ausflugs gönnen wir uns eine Auszeit im außergewöhnlichen Lokal Tudors. Es liegt mitten im Kastenhof und bietet auch einen Außenbereich. Faszinierend ist die großartige Mischung aus mittelalterli-

INFOS

Adresse: Kastenhof Landau – Das Museum für Steinzeit und Gegenwart, Oberer Stadtplatz 20, 94405 Landau a. d. Isar, steinzeit-museum.de
Öffnungszeiten: Mi bis So 10–13 Uhr und 14–17 Uhr;
Restaurant Mi und So 17–22 Uhr

Yuna und Pluto entspannen im Restaurant Tudors.

chem Gemäuer mit modernen Stilelementen. Yuna fühlt sich nun wieder wohl, das mag aber auch an den freundlichen Bedienungen liegen. Wir Zweibeiner genießen ebenfalls unser vorzügliches Essen – und die großartige Atmosphäre. So hat sich der Ausflug kulturell wie auch kulinarisch gelohnt.

HINTERGRUND

An jedem ersten und dritten Samstag dürfen Hunde mit ins Museum. Hundehalter werden gebeten, auf Besucher Rücksicht zu nehmen. Hunde sind an der Leine zu führen. Am Eingang steht eine Wasserschüssel zur Verfügung.

Es waren Menschen wie Lisar, die anfingen, Wölfe zu domestizieren.

Spiel & Spaß

6

Münchens Freilaufflächen

Wie schon in der Einleitung beschrieben: In der Landeshauptstadt gilt die »Münchner Linie« in puncto Hundefreilauf. Nachfolgend die beliebtesten Grünflächen, auf denen sich Hundebesitzer größtenteils leinenlos treffen können.

Die größte Grünfläche Münchens und eine der größten Parkanlagen der Welt ist mit 427 Hektar der Englische Garten. Und fast überall sieht man hier freilaufende Hunde. Doch wer hätte das gedacht: In diesem – zur Bayerischen Schlösser- und Seenverwaltung gehörenden Gelände – gilt prinzipiell Anleinpflicht. Diese wird im Hof- und Finanzgarten streng befolgt – im Rest lautet das Motto: wo kein Kläger, da kein Richter. Solange sich also die Münchner Hunde im Süd- wie auch Nordteil des Englischen Gartens benehmen, wird es auch so bleiben, dass hier über die Anleinpflicht hinweggesehen wird. Denn schließlich wartet das Areal mit allem auf, was Besitzer und Hunde begehren: große Wiesen, reichlich Baumbestand und viel Wasser, das zum Erfrischen einlädt. Und da es hier auch einige Biergärten gibt, kommt sogar der Zweibeiner auf seine Kosten.

An die 14 Kilometer fließt die Isar durch München. So lädt auch sie zum ausgiebigen Herumtollen und Planschen ein. Urige Natur mit Kiesstränden gibt es ab dem Englischen Garten bis hin zum Tierpark Hellabrunn reichlich – und das ganz ohne Einschränkungen. Einzig den Flaucher bzw. Orte mit viel Partyaktivität sollten umsichtige Hundebesitzer meiden. Denn hier findet die Schnüffelnase sicher nicht nur ungenießbare Überreste von der letzten Grillfeier, sondern läuft auch Gefahr, in Glasscherben zu treten.

Mindestens genauso bekannt wie oben genannte Auslaufgebiete ist der etwa 85 Hektar große Olympiapark. Für Hundebesitzer sind der Olympiaberg, die vielen Grünflächen und auch der Olympiasee interessant. Doch Vorsicht:

INFOS

Adresse: Diese Auflistung der Münchner Grünanlagen mit Freilaufflächen erhebt keinen Anspruch auf Vollständigkeit. Die Areale sind an verschiedenen Stellen einfach per ÖNPV zu erreichen und somit perfekt, um gelegentlich Abwechslung in die Gassiroutine zu bringen.

Planschvergnügen an der Isar

Bei gutem Wetter kann man vom Luitpoldhügel die Alpen sehen.

Letzterer punktet nicht gerade mit besonderer Wasserqualität, doch für eine kurze Abkühlung reicht's. Nicht überall darf die Fellnase im Park frei laufen – hier gilt es also, die besonderen Regeln zu beachten.

Östlich davon liegt der Luitpoldpark. Auf der Wiese im Norden dürfen Hunde frei laufen. Die südliche Wiese gilt als Liegefläche und darf von Hunden deshalb nicht betreten werden. Aber: Es führen Wege drumherum – so ist zumindest eine Gassirunde möglich. Wie zum Beispiel zum Pumucklbrunnen an der Brunnerstraße Ecke Burgunderstraße. Zum Glück dürfen Hundebesitzer aufgrund des Spielplatzes nur mit Abstand hin. Denn der kleine Kobold hat nur Unfug im Kopf und spuckt immer mal wieder einen drei bis vier Meter langen Wasserstrahl aus.

Im Nordwesten gibt es zudem die Angerlohe. Sie ist eine kleine Grünoase im Stadtteil Allach. Noch herrscht in diesem als Landschaftsschutzgebiet ausgewiesenem Areal kein Leinenzwang. Und solange die Zweibeiner auf ein angemessenes Verhalten ihrer Vierbeiner achten, dürfte dies auch so bleiben. Ganz in der Nähe befinden sich noch die Schlossmauer sowie der Hirschgarten, denen in diesem Buch aufgrund ihrer Besonderheiten jeweils ein eigenes Kapitel (12 und 15) gewidmet wurde.

Schließlich sind auch noch der Pasinger Stadtpark und der angrenzende Paul-Diehl-Park zu nennen. Durch beide Parkanlagen fließt die seichte Würm hindurch. Damit eignet sich der Ausflug für Gassirunden genauso wie zum Planschen. Auch gibt es hier unzählige Wiesen, auf denen sich die Fellnase austoben kann. Einzig: Im südlichen Teil nahe der Autobahn ist Vorsicht geboten.

Kurioses Freilaufgebiet: die Hundemeile zwischen Unterhaching und Neubiberg

Ein kleiner, eher kurioser Freilaufbereich ist die Hundemeile am ehemaligen Fliegerhorst Neubiberg. Sie hat eine Länge von 1,6 Kilometern und führt direkt an der ehemaligen Start- und Landebahn entlang. Einzig über die Breite der Meile wird heiß diskutiert. Denn Hunde nutzen oft mehr als nur die ihnen zugedachten fünf Meter.

Und schließlich ist da noch der ca. 210 Hektar große Riemer Park im Osten von München zu nennen. Das ursprüngliche Flughafengelände wurde 2005 in eine abwechslungsreiche Parklandschaft umgebaut. Sogar ein See ist vorhanden. Doch im Moment dürfen zwar Menschen hier schwimmen gehen, aber für Hunde ist er verboten.

7

Das Dantebad

Einmal im Jahr ist es so weit: Zum Ende der Saison dürfen Vierbeiner ins Dantebad. Glück hat, wer gutes Wetter erwischt. Doch die Hunde haben natürlich auch bei Regen ihren Spaß. Denn nass werden sie sowieso.

Was erstmals 2016 von den Gründern der Anypetz-App als Event initiiert wurde, ist mittlerweile in ganz Deutschland eine liebgewonnene Gewohnheit: Wenn die Freibäder für Menschen schließen, dann werden sie für Hunde in Begleitung ihrer Besitzer geöffnet. Ob groß oder klein, wasserscheu oder eine Wasserratte, haarige Fellnase oder kurzhaariger Whippet – jeder ist willkommen.

Seit 2018 bietet das Münchener Dantebad einen Hundeschwimmtag an. Sobald der letzte Badegast das Wasser verlässt, stoppen die Stadtwerke die Chlorung. Entsprechend baut sich dann in wenigen Tagen das Desinfektionsmittel gegen die Keime ab. Kein Problem also, wenn der Hund sich zwischendrin einen erfrischenden Schluck Wasser gönnt. Denn dieses ist oftmals sauberer als Seen oder Flüsse, in denen Algenwuchs, Faulschlamm und sonstige Verunreinigungen vorhanden sein können.

Während andere Hunde furchtlos vom Beckenrand springen, nutzt Pluto lieber die Treppe. Neugierig begutachtet er die türkisgrünen Kacheln. Gibt es im Wasser Fische herauszutauchen? Offensichtlich nicht – dann müssen also Leckerlis her. Nach dem Planschvergnügen tollt er gemeinsam mit anderen Vierbeinern über die menschenleere Wiese. Auch an die Zweibeiner haben die Stadtwerke München gedacht: Für sie stehen Kaffee und Tee bereit. Gut zu wissen: Herrchen und Frauchen dürfen aufgrund der Entchlorung nicht ins Wasser.

Für alle, die Verunreinigungen befürchten: Da die Becken nach dem Badetag winterfest gemacht und im Sommer wieder gereinigt werden, ist das Thema Hygiene im Pool kein Grund zur Sorge. Und dies ist eine Notiz an mich selbst und vielleicht ein Tipp an alle Hundebegleitpersonen: Egal, ob es regnet oder die Sonne scheint, eine wasserfeste Kleidung ist definitiv die bessere Wahl. Denn auch der besterzogene Hund schüttelt sich heute in Menschennähe. Die unfreiwillige Hundedusche ist beim ungestörten Vierbeiner-Freibadvergnügen schlichtweg nicht zu vermeiden.

INFOS

Adresse: Dantebad (Sommerbad), Postillonstr. 17, 80637 München, Tel. 089/23 61 50 50, swm.de/baeder/schwimmen-sauna/dantebad bzw. hundimfreibad.de

Gibt es Fische im Freibad?

Hundefreunde sind hier schnell gefunden.

HINTERGRUND

#hundimfreibad ist eine deutschlandweite Initiative, um Freibäder dazu zu bewegen, den letzten Tag ihrer Badesaison für Vierbeiner zu öffnen. Wer also gleich mehrere Hundebadetage an verschiedenen Orten nutzen möchte, lädt sich am besten die sinnvolle Anypetz-App herunter, hier ist übrigens auch der Vetfinder integriert. Für den Hundebadetag in München stand 2022 das 1,30 Meter tiefe und 25 Meter lange FKK-Becken im Dantebad zur Verfügung.

8

Eingezäunte Hundewiesen

Leinen los, heißt es auf den Hundewiesen in Unterföhring, Poing und Karlsfeld. Diese Areale sind komplett eingezäunt. Somit sind sie perfekt für alle Vierbeiner, die jagdlich etwas überambitioniert sind – vorausgesetzt natürlich, man betritt sie mit Bedacht.

In München selbst gibt es keine eingezäunte, öffentliche Hundewiese, doch dafür dürfen sie ja auf allen Grünflächen – es sei denn die Regelung besagt etwas anderes – frei laufen (siehe Kapitel 6). Hundebesitzer, die einen sicheren Zaun suchen, müssen also in umliegende Gemeinden ausweichen. So bietet der Landkreis Erding seit 2021 eine etwa 1400 Quadratmeter große Hundewiese in Poing an. Sie liegt an der Kirchheimer Allee und hat einen etwa 1,80 Meter hohen Zaun. Zwar sind keine Bänke vorhanden, aber immerhin ein liegender Baum, an dem etwas trainiert werden kann, sowie natürlich eine Hundetoilette.

INFOS

Adresse: Poing: Kirchheimer Allee, Bushaltestelle Claudiusstraße
Karlsfeld: Ponywiese östlich der Hochstraße
Unterföhring: Per Auto oder MVV; die Wiese liegt zwischen der Etzstraße und der Beta-Straße.

Auch für Karlsfeld ist im Jahr 2023 eine Hundespielwiese geplant – sie soll sogar an die 2000 Quadratmeter groß werden. Zunächst soll sie aber nur probehalber von April bis Ende des Jahres geöffnet sein. Auch die Art des Zauns war zum Zeitpunkt der Recherche noch nicht geklärt, denn durch den derzeitigen Zaun könnten kleine Hunde hindurchschlüpfen. Sicher ist zumindest, dass es hier auch eine Hundetoilette sowie eine Sitzbank für die Hundeeltern geben wird.

Mit etwa 0,3 Hektar zwar sehr klein, aber definitiv besser als nichts, ist die Hundewiese Unterföhring gestaltet. Sie ist, genauso wie die anderen genannten Wiesen, perfekt für alle, die ihrem Vierbeiner einen gesicherten Freilauf bieten möchten. Sei es, dass der Rückruf noch nicht sitzt oder auch dass der Jagdtrieb größer als der Gehorsam ist. Die Wiese in Unterföhring bietet zwei Eingangsbereiche – einen an der Etzstraße sowie einen an der Beta-Straße. Sie ist rundum eingezäunt und an den Pforten gibt es Metalltore. Und da sie zu einer an die 36 000 Quadratmeter großen Ausgleichsfläche der Gemeinde Unterföhring gehört, bietet sie sich als Zwischenstopp während einer großen Gassirunde an.

Wer möglichst allein zum Beispiel Tricks und neue Kommandos trainieren möchte, kommt am besten in den frühen Morgenstunden hierher. Diese – oder auch der späte Abend – sind ebenfalls für heiße Sommertage eine gute Wahl. Denn auf der Wiese gibt es kaum schattige Bereiche und übrigens auch keine Wasserstelle. Anzumerken ist zudem, dass die Büsche zum Teil mit Dornen versehen sind. Manch ein Besucher wünscht sich ein doppeltes Gatter, sodass ein Hund nicht ungewollt entwischen kann. Doch was wirklich ein No-Go ist, ist, dass Hundehinterlassenschaften von den Besitzern nicht entfernt werden – und das, obwohl es hier Hundebeutelspender sowie Mülleimer gibt!

Ansonsten gibt es noch Schnüffelgärten in der Nähe (siehe Kapitel 10), über Vereine organisierte Wiesen wie in Mammendorf (siehe Kapitel 25) oder man mietet sich privat in ein Schulungsgelände wie in Ohlstadt (siehe Kapitel 9) ein. Wichtig ist: Zum Schutz des eigenen Vierbeiners, betreten Sie die Hundewiese am besten nur, wenn nichts los ist.

Die eingezäunte Hundewiese Unterföhring bietet sich für abgesichertes Freilauftraining an.

HINTERGRUND

Wer seinem Vierbeiner auf der Hundewiese etwas Gutes tun möchte, betritt sie mit Bedacht und einer Vorstellung davon, was der Hund hier lernen beziehungsweise tun soll. Es ist kein Ort zum Ratschen für Zweibeiner und mit freiem Spiel für Vierbeiner. Die Hunde stehen hier ziemlich unter Anspannung: So sind hier richtig viele Gerüche von fremden Hunden zu erschnüffeln. Sofern schon Hunde auf der Wiese sind, ist genau dies nicht der Ort, um ein schönes Sozialverhalten zu erlernen. Stets muss sich das vorhandene Rudel wieder neu organisieren. Und falls es dies überhaupt gerade geschafft hat, verlässt wieder eine Fellnase die Runde oder es kommt eine neue hinzu – hier ist also viel Konfliktpotenzial vorhanden. Am besten ist es also, Zeiten zu wählen, in denen wenig los ist.

9

Hundeplatz Ohlstadt

Für den Vierbeiner von München extra nach Ohlstadt fahren? Warum nicht? Denn hier gibt es einen Hundeplatz, der sicheren Freilauf ermöglicht und zudem einen Geräte-Parcours bereithält.

Umgerechnet noch nicht einmal einen Euro pro Tag und Stunde zahlt jeder, der seinem Vierbeiner ein Jahresabo beim Hundeplatz Ohlstadt gönnt. Das Schöne daran: Mit 4700 Quadratmetern ist die Wiese so groß, dass sich hier sogar Windhunde austoben können. Und: Der Platz ist definitiv ausbruchsicher. Kein Wunder, denn die Pächterin der Wiese, Jennifer Lang, kennt sich bestens mit den Besonderheiten dieser hochspezialisierten Sichtjäger aus. So bietet Jennifer zum Beispiel auch extra Spielstunden sowie Trainings für Wind- und Laufhunde an.

Pluto und ich machen auf der Durchreise nach Oberammergau in Ohlstadt einen Zwischenstopp. Begeistert, nach der langen Autofahrt frei und unbeschwert über die große Wiese sprinten zu dürfen, tobt sich Pluto erst einmal ordentlich aus. Das Areal ist sogar so riesig, dass es durch einen Bach zweigeteilt ist. Nachdem Pluto die erste Wiese erobert hat, entdeckt er die Brücke, tänzelt hinüber, erschnüffelt den neuen Bereich, balanciert wie selbstverständlich über einen der hohen Laufstege des Geräte-Parcours, um zum Schluss in den Büschen zu spielen und den Mäusen im Gras aufzulauern. Die unbändige Freude über diesen großartigen Abenteuerspielplatz ist ihm förmlich ins Gesicht geschrieben.

Auch wenn der Name »Hundeplatz« möglicherweise etwas anderes vermuten lässt: Hier wird ganz und gar kein Schutzhundesport betrieben. Im Gegenteil legt Jennifer großen Wert auf gewaltfreie Trainingsmethoden. Bei ihr wird der Hund weder über Schmerz- noch Schreckreize gemaßregelt. So kann es schon einmal sein, dass die Hundetrainerin Zweibeiner mit diesem unerwünschten Verhalten vom Platz verweist. Und das ist ihr gutes Hausrecht. Das Gelände ist verständlicherweise nur zur Privatnutzung zu buchen. Es ist für alle, die selbst keinen großen Garten besitzen und die ihren Hund – aus welchen Gründen auch immer – nicht in den Freilauf schicken können, ein großartiges Angebot.

Schade, dass Pluto und ich schon bald weiter müssen. Uns beiden hat es hier wirklich super gefallen. Und für uns als Team wäre es der perfekte Ort für sicheres Rückruftraining ohne Schleppleine, entspannte Sozialkontakte

INFOS

Adresse: Hundeplatz Ohlstadt, Partenkirchner Str. 63, 82441 Ohlstadt, hunde-impressionen-schule.de

Auf 4700 qm bietet der Hundeplatz eine Wiese, einen Geräte-Parcours und Verstecke.

mit Hundefreunden, ein paar sportliche Geräte-Einheiten und einfach nur spielerisches Herumtollen. Der Platz wird uns sicher bald wiedersehen.

HINTERGRUND

Jennifer Lang betreibt die Hundeschule Hunde-Impressionen in Ohlstadt. Wenn auf ihrem Schulungsplatz keine Trainings stattfinden, steht er privaten Personen mit maximal zwei Mensch-Hunde-Teams zur Verfügung. Alle aversiven Trainingsmethoden sind strikt verboten. Die Nutzung gilt für eine Stunde am Tag. Gebucht wird über den Buchungskalender online. Es gibt ein zweiwöchentliches Abo und auch ein Jahresabo. Das Abo ist wöchentlich kündbar.

Pluto ist der Spaß förmlich ins Gesicht geschrieben.

10

Schnüffelgarten

Das schönste Geschenk für eine Schnüffelnase ist, wenn sie frei laufen kann. Doch was tun, wenn die Umgebung oder der Charakter des Hundes es aus verschiedensten Gründen nicht zulassen? Eine unkonventionelle Lösung sind private Schnüffelgärten.

Susa begrüßt uns mit einem »Herzlich willkommen«, als wir die Pforten ihres wunderschönen Gartens betreten. Mitten in München gelegen, ist er eine seltene Oase für unbeschwerten Schnüffelspaß. Susa hatte bis vor Kurzem noch selbst eine jagende Fellnase aus dem Tierschutz. Ihr ist die Idee des gesicherten Freilaufs für Vierbeiner in Susas Garten zu verdanken. Somit ist dieses Kapitel Hugo gewidmet, der vielen anderen Hunden heute glückliche Momente beschert. So auch Pluto.

Kaum abgeleint, geht der Schnüffelspaß los. »Hier sind sicher einige Mäuse im Garten«, weiß Susa. Heute darf mein Jäger ungestört die Gegend erkunden. Der wilde, aber mit viel Liebe angelegte Garten ist mit einer leichten Schneedecke überzogen. Und da die Kälte, der veränderte Luftdruck sowie die Schneekristalle die Gerüche quasi konservieren, ist Pluto voll in seinem Element. »Ich hoffe, ich kann den Schnüffelgarten noch lange erhalten«, bemerkt Susa, denn schon bald soll nebenan eine Schule gebaut werden.

Noch wird alles so weitergehen wie gehabt. Während Pluto sich anfangs wortwörtlich rasend über seinen Freilauf freute, wird er jetzt langsamer und erkundet einzelne Gartenbereiche in aller Ruhe. Ganz ungestört darf er sich hier seinem liebsten Hobby, der Nasenarbeit, widmen. Besonders stolz macht mich, dass er auf einen kurzen Pfiff auf mich hört und angerast kommt. Großes Lob und ab geht es wieder in das Gartenparadies. So ahne ich schon, dass er heute Nacht richtig gut schlafen wird.

Im Laufe des Nachmittags freunden sich Pluto und Susa an. Offensichtlich hat er den gleichen Charakter wie Hugo. Und auch seine wunderschönen, samtweichen Riesenohren. So darf er sogar nach getaner Schnüffelarbeit auf Hugos Bettchen dösen, während wir Zweibeiner über unsere Hundeerlebnisse ratschen. Und da sich Pluto bei Susa und in ihrem Garten so wohlgefühlt hat, dürfen wir bald wieder vorbeikommen. Wir freuen uns riesig darauf.

INFOS

Kontakt: Bitte mögliche Termine und die Adresse in München per Mail bei Susa erfragen: flora-leopold@t-online.de; weitere Schnüffelgarten-Koordinationspartner unter schnüffelgärten.de

Romantischer Schnüffelgarten mitten in München

HINTERGRUND

Die kostenlose Mitmach-Aktion »Schnüffelgarten« wurde von der Hundetrainerin Carolin Reger im Mai 2012 ins Leben gerufen. Schnüffelgärten sind perfekt für alle Hunde, die, aus welchen Gründen auch immer, nicht in den Freilauf können, und für solche, die einfach mal in Ruhe schnüffeln möchten – also alle. Es geht nicht darum, möglichst viele Hunde in einem Garten toben zu lassen, sondern Hunden eine artgerechte Haltung und Beschäftigung, eben die Nasenarbeit, zu bieten. Und sie ist ideal für alle Gartenbesitzer, die Hunde lieben und ihr Areal gerne anderen Vierbeinern zur Verfügung stellen. Auf der Website schnüffelgärten.de sind Tipps, Voraussetzungen und Schnüffelgarten-Ansprechpartner in ganz Deutschland zu finden. Denn verständlicherweise bleiben die Privatadressen der Mitmachenden zunächst geheim.

Draußen

Am idyllischen
Hundesee

11

Weltwald Freising

Der Weltwald Freising bietet Kontinenthopping an einem Tag. Entstanden aus der Mode vergangener Zeiten, exotische Bäume bei uns zu pflanzen, entsprang die Idee des Arboretums. Für Hunde, die auf den Wegen bleiben, ein großartiger Schnüffelspaß.

Pluto trifft heute das erste Mal auf die hübsche Mischlingshündin Yuna. Entsprechend interessiert die beiden Dreijährigen ihre Umgebung zunächst herzlich wenig. Dafür bietet sich der Wald aber bestens für unser Begegnungstraining an. Erst probieren wir Entgegenkommen, dann Nebeneinanderherlaufen. Beide Hunde sind nicht immer begeistert, wenn sie auf Artgenossen treffen, doch hier stimmt die Chemie. Zum Glück, denn da wir Besitzer schon seit Jahrzehnten befreundet sind, wäre alles andere ungünstig.

Nach kurzer Eingewöhnungsphase wandern wir zu viert durch den Wald, als würden wir seit Jahren nichts anderes tun. Das Arboretum in Freising ist in vier geografische Großräume gegliedert. Innerhalb weniger Minuten wechseln wir von Europa nach Vorderasien, Nordamerika, Mittel- und Ostasien. Da die südbayerischen Winter ziemlich kalt sein können, wurden für den Weltwald nur Bäume ausgewählt, die auch eine reelle Chance haben, hier zu wachsen. Entsprechend stammen sie aus den gemäßigten Breiten der Kontinente oder, als winterharte Baumarten, aus Gebirgslagen der wärmeren Gefilde.

Das Arboretum ist in Themenpfade verschiedener Waldregionen aufgeteilt – wahlweise dienen uns der Flyer, die Weltwald-App oder auch die Symbole an den Wegen zur Orientierung. Auch kleine, ausgeschilderte Trampelpfade abseits der befestigten Wege sind vorhanden. Sie führen in das Bestandsinnere des Waldes – und sind perfekt zum »hinten« üben. Verlaufen können wir uns nicht, denn Begrenzungen führen wieder auf den Weg zurück, und alle Wege treffen am Zentralpavillon zusammen.

Wie ein kleines Labyrinth hingegen wirkt das zwei Hektar große Botanikum. Hier sind die angepflanzten Bäume und Sträucher nach ihren botanischen Verwandtschaftsbeziehungen geordnet. Da, wo heute das Zentrum des Weltwaldes ist, befand sich bis zum Jahre 1884 noch der Weiler Oberberghausen mit ein paar Gehöften. Letzte Zeugen der einstigen Dorfkultur sind die Kirche St. Clemens aus dem elften Jahrhundert sowie der kleine Friedhof drumherum.

INFOS

Adresse: Weltwald Freising, St 2084, 85354 Freising

Der Weltwald Freising bietet an nur einem Tag eine Reise zu verschiedenen Kontinenten.

Während wir Zweibeiner uns über die Historie, die botanischen wie auch künstlerischen Exponate unterhalten, kommunizieren unsere Hunde auf Vierbeinerart. »Lernen durch Abschauen« bezeichnen wir es, als Pluto und Yuna sich jedes Mal fast spiegelgleich zum Fotoshooting hinsetzen. Den Blick meist in die gleiche Richtung gerichtet, wirkt es, als wären sie wie Zwillinge großgeworden. So haben in diesem Weltwald zwei neue Freunde zusammengefunden.

HINTERGRUND

Die staatliche Forstverwaltung erwarb 1883 die landwirtschaftlichen Flächen des Weilers Oberberghausen. Sie wollte hier – gemeinsam mit der LMU – das Projekt »Weidebusch« aufziehen. Als zweites Standbein wurden exotische Baumarten angepflanzt. Dazu gehören Douglasie, Roteiche, Nordmanntanne, Weymouths-Kiefer, Gelbkiefer, der Amerikanische Tulpenbaum und viele mehr. Da das Projekt Weidezucht scheiterte, wurden die Flächen ab 1900 vorwiegend mit Fichten aufgeforstet. Die neben der Kirche wachsenden exotischen Baumarten waren – im Rahmen des neuen Aufbaus des Wissenschafts- und Forschungscampus Weihenstephan – Grund, den 100 Hektar großen Weltwald im Kranzberger Forst zu gründen. Heute sind hier über 300 Baum- und Straucharten vertreten, wobei es mehr als doppelt so viel werden sollen. Im Weltwald herrscht zwar keine Anleinpflicht, aber: Abseits der Wege leben Wildtiere – die Hunde sollten diese nicht stören (siehe Kapitel 19).

12

Hirschgarten

Einst als Jagdrevier angelegt, ist der Hirschgarten heute als Naherholungsgebiet und Ausflugsziel bekannt. Und Hundebesitzer lieben die grüne Stadtoase tagsüber für kleine Gassirunden genauso wie abends als Afterwork-Treffpunkt mit Gleichgesinnten.

Zunächst denke ich an eine antijagdliche Trainingseinheit für Pluto, als wir uns zum etwa 40 Hektar großen Hirschgarten aufmachen. Immerhin wurde dieses Areal im Jahre 1780 im Auftrag von Kurfürst Karl Theodor extra mit hundert Dam- und Edelhirschen bestückt. Heute ist ihre Anzahl auf etwa 30 Tiere geschrumpft, und sie leben in einem ca. zwei Hektar großen Gehege. Da sich dieses direkt am Biergarten Königlicher Hirschgarten befindet, sind die Tiere Menschen gewohnt. Perfekt, um mit einem jagdlich ambitionierten Hund ein paar Übungen zu machen. Nummer eins des Ausflugsziels ist erledigt – check.

Während unserer kleinen Gassirunde entlang der Wiesen ist für Pluto Entspannung angesagt. Wir treffen auf wohlerzogene und verspielte, junge und alte, kleine und große Hunde und erfahren, dass sich hier die meisten Hundebesitzer untereinander kennen. Entsprechend gesittet geht es hier auch zu. Manch ein Hundebesitzer kommt an dem lauen Spätsommerabend zum Lesen hierher. Parkbänke gibt es jedenfalls reichlich. Andere sind zum Ratschen hier – natürlich über das Thema Hund. Und wieder andere gönnen ihren Vierbeinern Spiel, Spaß und Sozialisation. Pluto hat schon einige Freundschaften geschlossen. Punkt zwei ist somit ebenfalls abgehakt – check!

Nachdem meine Fellnase zufrieden und durstig ist, gönne auch ich mir eine kleine Auszeit. Der oben schon erwähnte Königliche Hirschgarten gehört mit 8000 Plätzen zu den größten Biergärten der Welt. Er gilt als sehr hundefreundlich und so ist zu hoffen, dass dies auch nach dem Pächterwechsel im Jahr 2023 so bleibt. Schließlich hat er einen guten Ruf zu wahren. Denn der Biergarten ist schon seit 1791 für seine Tierfreundlichkeit bekannt. Spazierten doch in den ersten Jahren tatsächlich die Edelhirsche frei durch die Bierbankreihen. Bis es einer, der Hansl, mit dem Biergenuss übertrieb. Er hatte die Taktik, Maßkrüge umzustubsen, um besser den Inhalt schlabbern zu können. Irgendwann war dieses Treiben auch dem größten Tierfreund im Biergarten zu viel und man beschloss seinen Tod

INFOS

Adresse: Königlicher Hirschgarten, Hirschgarten 1, 80639 München, hirschgarten.de

Hundewiese im Hirschgarten

durch Erschießen – immerhin standesgemäß. Vielleicht hat meine Fellnase davon gehört, denn Pluto trinkt gerade ganz brav aus seinem Napf – natürlich Wasser! Ich gönne mir eine bayerische Brotzeit und als Autofahrer ein Radler. Mit dem Biergartenbesuch haben wir heute auch unser drittes Ausflugsziel erreicht – check!

HINTERGRUND

Der Hirschgarten wurde im Jahre 1780 von Kurfürst Karl Theodor beauftragt. Sein Oberstjägermeister Johann Theodor Freiherr von Waldkirch legte daraufhin ein ca. 44,6 Hektar großes Jagdrevier für den Adel an und setzte 100 Dam- und Edelhirsche aus. Kurze Zeit später durften auch die Münchner Bürger die Parkanlage nutzen. Mittlerweile ist der Hirschgarten auf 40 Hektar geschrumpft. Er ist als Landschaftsschutzgebiet ausgewiesen. Unter dem Hirschgarten befindet sich ein Regenrückhaltebecken, das sogar besichtigt werden kann. Überirdisch punktet der Garten mit seinem zum Teil über 150 Jahre alten Baumbestand, Kinderspiel- und Grillplätzen, Rodelhängen, einem Skaterpark und natürlich dem Biergarten. Die Hundewiese liegt nahe der Herderstraße. Hundeverbot gilt innerhalb der Flächen, die mit den bekannten grünen Pfosten markiert sind.

13

Hundesee

Der Hundesee gehört zum Naturschutzgebiet Allacher Lohe. Was das bedeutet, dürfte jedem klar sein – hier herrscht Anleinpflicht und das Baden von Mensch und Hund ist verboten! Doch wer die Idylle einmal erlebt hat, kommt garantiert gerne wieder her.

Der Spaziergang zum Hundesee birgt einige Überraschungen. Befand man sich gerade noch im lauten Großstadtgewühl, ist es rund um den See wirklich recht leise. Sogar das laute Rangieren von Waggons im südlich gelegenen Rangierbahnhof ist dank des Schutzwalls nicht besonders störend. Gut zu wissen ist: Egal, welchen Startpunkt man für den Besuch des Sees wählt, die breiten Wege sind vielbenutzte Radwege, also empfehlen sich für Hundebesitzer die kleineren, schmalen Fußpfade.

Trotzdem sei an dieser Stelle ein Geheimtipp erwähnt: Wer in der Abendsonne eine der Brücken des Rangierbahnhofs quert, kann ein Stück wildromantischer Bahngleise bestaunen und bei einem selbst mitgebrachten Sundowner in Fernweh schwelgen. An klaren Tagen lockt die unverbaute Aussicht zudem mit einer faszinierenden Alpenkulisse sowie dem Blick auf München und den Olympiaturm.

INFOS

Adresse: Parken z. B. an der Pasteurstraße; MVV z. B. Fasanerie, Karlsfeld sowie diverse Bushaltestellen

Entstanden ist der Landschaftssee Allacher Lohe, so hieß das Gewässer ursprünglich, beim Bau des Rangierbahnhofs Nord in den 1990er-Jahren. Zum Bau der an die 40 Gleise wurde jede Menge Kies benötigt. So entstand eine Grube, die später als Betriebs- und Löschwassersee für den Bahnhof angelegt wurde. Gespeist wird der See aus Niederschlägen, Grundwasser sowie dem Hartmannshofer Bach. Als Abfluss dient das Schwabenbächl. Übrigens wird der See von Einheimischen auch manchmal Ludwigsfelder See genannt.

Umweltschützer bemängelten schon damals den Bau des Bahnhofs in direkter Nähe zur Allacher Lohe. Immerhin wurden dafür 174 Hektar Biotopfläche vernichtet. Heute gehört der nördlich liegende Bereich zum Grünen Gürtel Münchens. Und: Die Allacher Lohe zählt zu den drei Standorten in Bayern, an denen noch der Baum des Jahres 2013, der Holzapfel, zu finden ist. Auch wachsen hier weitere geschützte Arten wie die Türkenbund-Lilie und der Fransenenzian. An seltenen Tierarten leben in der Allacher Lohe Hermelin, Grau- und Grünspecht, Schwalbenschwanz, Bläuling, die Wechselkröte und die Zauneidechse. Entsprechend dienen die Flachwasserbereiche des

Der markante Findling bietet einen guten Aussichtspunkt.

Sees dem Schutz der Amphibien sowie der bodenbrütenden, wasserliebenden Vogelarten. Ebenfalls interessant: Im Westen des Sees liegt ein ca. 4,5 Hektar großes Urnengräberfeld aus der Hallstattkultur. Für Hunde und Menschen bedeutet der Besuch des im MVV-Bereichs gelegenen Hundesees eine entspannende Auszeit vom Großstadtgewühl.

14

Perlacher Mugl

Wen im Arbeitsalltag die Sehnsucht nach den Bergen plagt, dem sei ein Ausflug zum Perlacher Mugl empfohlen. Denn von hier gibt es einen faszinierenden Alpenblick – und das mit passender Panoramakarte. Perfekt, um die nächsten Bergtouren zu planen.

Alle Wege führen zum Mugl, denn der etwa 587 Meter hohe Hügel – genau genommen sind es zwei Erhebungen – liegt mitten im Herzen des Perlacher Forsts. So ist er kaum zu verfehlen, egal, ob der MVV oder das Auto zur Anfahrt gewählt wurde. Doch der in feine Quadrate aufgeteilte Forst mit einer Größe von über 13 Quadratkilometern hat seine Tücken: Jeder Weg ähnelt dem anderen. Um hier also nicht im Kreis zu gehen, sind Orientierungshilfen – sei es der Sonnenstand oder das Mobiltelefon – durchaus zu empfehlen.

Gut zu wissen: Die einzelnen Wege haben Namen und heißen beispielsweise »Wörnbrunner Geräumt« oder »Tannenzipfel Geräumt« – dies deutet darauf hin, dass es auf den Wegen keine Hindernisse wie Wurzeln oder Ähnliches gibt. Und für uns Hundebesitzer bedeutet das, dass wir hier mit Radfahrern zur rechnen haben. Es gibt auch unwegsamere Pfade durchs Gelände, die zum Perlacher Mugl führen.

Im Perlacher Forst dürfen Hunde frei laufen, es sein denn, sie sind jagdlich ambitioniert. Denn im Wald sind Rehe, Füchse sowie Wildschweine heimisch. Daran erinnert zum Beispiel auch der Hirschbrunnen nordöstlich des Mugls. Er wurde in Gedenken an den hier 1914 letzten, waidgerecht erlegten Hirschen aufgebaut. Der Brunnen hat übrigens Trinkwasserqualität. An der Hirschbrunftwiese laden Bänke und ein Tisch zu einer kurzen Rast ein. Und wer zur richtigen Jahreszeit da ist, der wird das Quakkonzert der Frösche an den beiden Teichen des Biotops hören.

Der Mugl selbst ist eine Erhöhung von 26 Metern, die es über schmale Pfade zu erklimmen gilt. Nicht wundern: Wer keine Aussicht genießen kann, hat vermutlich den falschen Hügel gewählt. Denn auf dem Aussichtsberg steht ein Pavillon. Seine überdachten Bänke bieten Platz zum Ausruhen und Infotafeln weihen in die Forstgeschichte der Region ein. An klaren Tagen ist hier der Alpenkamm vom Wendelstein bis zur Zugspitze zu sehen. Dank der Panoramakarte ist jeder einzelne Gipfel klar auszumachen.

INFOS

Adresse: Perlacher Forst, von allen Seiten erreichbar, zum Beispiel mit der S-Bahn oder über den Parkplatz Unterhaching

Zum Perlacher Mugl führt ein schmaler Pfad.

Wer noch etwas Zeit mitbringt, spaziert gen Süden in Richtung eines weiteren Biotops. Oder gleich bis zur Nussbaumranch in Oberhaching. Sie ist ein Kiosk mit Biergartenatmosphäre und vor allem für ihre Hundefreundlichkeit bekannt.

Kuriose Namen wie »Wörnbrunner Geräumt« deuten auf wurzelfreie Wege hin.

HINTERGRUND

Im Zweiten Weltkrieg stand am Platz des Mugls ein großer Bunker mit Flugabwehrgeschützen. Aufgrund der massiven Bauweise wurde er nicht abgetragen, sondern 1970 mit dem Aushubmaterial des McGraw-Grabens überdeckt. So entstand der etwa 26 Meter hohe Hügel (Mugl), der sich alsbald als idealer Aussichtsberg entpuppte.

15

Rund um die Schlossmauer

Nicht ganz so überfüllt wie im Englischen Garten und doch bei Hundebesitzern sehr beliebt, sind die Wiesen entlang der Nymphenburger Schlossmauer. Verdeckt genug, um anderen bei Bedarf aus dem Weg zu gehen, groß genug, um ausgiebig zu toben.

Die Wiesen entlang der Schlossmauer versprühen ein einzigartiges Ambiente: Während hier einerseits gelegentlich dank der bewusst abgesenkten Mauer der ehrfürchtige Blick auf die hochherrschaftlichen Gebäude im Inneren der Mauer möglich ist, kokettiert die Mauer selbst mit neuzeitlichen Graffitimotiven. Und je nachdem, wo man sich in dem bizarren Idyll befindet, ist dann auch das Rangieren von Eisenbahnwaggons zu hören.

Insgesamt reicht das Freilaufareal außerhalb der Schlossmauer vom Laimer Bahnhof über den Schlosskanal bis zur Pagodenburgstraße. Die Wiesen sind überall mit kleinen, in der Dunkelheit übrigens unbeleuchteten Wegen durchzogen. Die meisten Hundebesitzer sind vor allem im südwestlichen Teil der Schlossmauerwiesen zu finden. Wer also einen vierbeinigen Spielkameraden für seinen Wauzi sucht, wird hier fündig.

Ansonsten ist das Gebiet so weitläufig, dass man sich auch gut aus dem Weg gehen kann. Abgedeckt durch Abschnitte mit Baumbestand, findet hier jeder auch einen abgeschiedeneren Platz zum Üben und Toben. Einzig auf die meist von Nord nach Süd und umgekehrt querenden Radler muss hier Rücksicht genommen werden. Und: Jäger und Streuner sollten gut gesichert sein. Denn auf den Wiesen tummeln sich Mäuse und Hasen, die zum Wildern einladen. Auch Ausreißer sollten hier lieber nicht in den Freilauf: Denn hinter dem Wald gegenüber der Schlossmauer befinden sich nicht eingezäunte Gleise!

Eine umgedrehte Welt herrscht zwischen Schlosspark und den Freilaufwiesen. Denn das Wild befindet sich nämlich im Inneren der Schlossmauer. Die wurde zwischen 1730 und 1735 errichtet, um den Wildwechsel zu unter-

INFOS

Adresse: An der Schloßmauer, Haltestellen Laim oder Obermenzing, Parken in Laim nach den Tennisplätzen, in Obermenzing an der Pagodenburgstraße

Die meisten Hundebesitzer sind im südwestlichen Teil der Schlossmauerwiesen zu finden.

HINTERGRUND

Im Schlosspark herrscht Anleinpflicht, ins Schloss selbst dürfen keine Hunde mitgenommen werden. Aber außerhalb und westlich der Mauer dürfen die Hunde in den Freilauf. Nichtsdestotrotz: Als eines der größten und bedeutendsten Gartenkunstwerke Deutschlands ist der 180 Hektar große Nymphenburger Schlosspark selbstverständlich sehr sehenswert. Der ursprüngliche Barockgarten wurde nach dem Vorbild der französischen Gärten von Schloss Vaux-le-Vicomte (Maincy) und Schloss Versailles gebaut. Heute besitzt er Sondergärten und unterschiedliche Parkbereiche. Interessant sind auch die Seen, das Kanalsystem sowie die Wasserkünste. Und natürlich die Bauwerke und Skulpturen. Zu guter Letzt ist der Park auch Landschaftsschutzgebiet.

Die alte Schlossmauer mit Graffitimotiven

binden. Das Wild sowie Enten und Schwäne sind neben dem gepflegten Park mit ein Grund, warum innerhalb der Nymphenburger Schlossmauer Anleinpflicht besteht. Wer zur Hundewiese durch den Park laufen möchte, dem sei der ca. 7 Kilometer lange Trampelpfad entlang der Mauer empfohlen. Er zeigt den Vorzeigepark von seiner etwas wilderen Seite.

Safari

Landleben mitten in der Stadt

16

BergTierPark Blindham

Kaum ein Ort, an dem mich Pluto so überrascht hat, wie im BergTierPark Blindham. Denn ich war sicher: Wenn mein vierbeiniger Jäger das Wild wittert, ist er nicht mehr zu bremsen. Doch erstens kommt es anders und zweitens als man denkt.

Schon auf dem Fußweg vom Parkplatz zum BergTierPark merke ich, dass Pluto unkonzentriert ist. Er hat keine Lust auf Fotosessions sowie »Sitz« und »Bleib«. Er möchte schlichtweg ganz schnell zu den vielen Gerüchen, die er schon in der Nase hat. Ob es wirklich eine gute Idee war, ihm heute diesen Ausflug zuzumuten?

»Wenn Sie das Freigehege mit dem Wild betreten, nehmen Sie Ihren Hund bitte an die kurze Leine«, gibt mir die freundliche Kassiererin mit auf den Weg, als ich den BergTierPark betrete. Innerlich wundere ich mich, dass es überhaupt erlaubt ist, ein Freilaufgehege mit einer jagenden Schnüffelnase zu begehen. Denn mir ist sonnenklar, dass ich das Risiko, dass Pluto Chaos anrichten könnte, nicht wagen werde. Vielmehr möchte ich ihn maximal am gesicherten Zaun schnuppern lassen. Das dürfte fürs Erste als Wildbegegnung reichen, bin ich mir sicher.

Doch vorher fange ich lieber erst einmal mit kleineren Tieren an. Zum Beispiel mit den Streifenhörnchen: Die interessieren Pluto so ganz und gar nicht. Anders sieht es bei den Kaninchen aus. Auge in Auge – und zum Glück per Zaun getrennt – schauen sich der Jäger und die gerne Gejagten an. Hatte mir nicht jemand erzählt, dass Hunde in Griechenland oft zur Kaninchenjagd genutzt werden? Gut möglich, dass es bei Pluto auch so war. Bevor er sich an früher erlerntes Verhalten erinnert, ziehen wir weiter. Am Heckenrind vorbei gehen wir zum Gänseweiher. Dieser erregt zwar Plutos Aufmerksamkeit, fesselt ihn aber nicht ganz so wie die Kaninchen. Und so schlendern wir hinunter zum Spielplatz, der direkt am Freigehege liegt, in dem Rot-, Dam- und Muffelwild leben. Keines der Tiere ist in Sicht, zumindest

INFOS

Adresse: BergTierPark Blindham, Blindham 3, 85653 Aying, Tel. 08063/20 76 38, bergtierpark.de
Öffnungszeiten: Entsprechend der Zeitumstellung im Winter 10–18 Uhr, im Sommer 9–19 Uhr

Pluto kann es kaum erwarten, in den BergTierPark zu kommen.

für mich. Doch wer weiß, was Pluto schon in der Nase hat.

Da ich noch eine kleine Gassirunde durch den zum Gelände gehörenden Wald drehen möchte, kehren wir um. So kommen wir an den Eseln und Pferden vorbei. Pluto zeigt kein Interesse, denn diese Tiere kennt er schon. Der Weg führt recht nah am Wildgehege entlang und das Abenteuer lässt nicht lange auf sich warten. Wie aus dem Nichts kommt auf der anderen Seite des Zauns eine riesige Hirschkuh freudig auf uns zugetrabt. Pluto ist so perplex, dass er sein ohrenbetäubendes Jagdgeheul vergisst und noch nicht einmal in die Leine springt. Eher neugierig beobachtet er das mutige Rotwild. Zutraulich blickt dieses zu uns, als würde es uns zum Spielen auffordern. Erst jetzt wird mir klar, dass es wohl ein paar Leckerlis erwartet. Geduldig tänzelt es neben uns den Weg entlang: Wir auf der einen Seite des Zauns, das Hochwild auf der anderen Seite. Was für eine Szenerie. Fast wirkt es, als würden wir gemeinsam spazieren gehen. Ich bin sprachlos. Und da die Hirschkuh offensichtlich

Die zutrauliche Hirschkuh spaziert mit uns am Zaun entlang.

keinen Respekt vor ihm hat und nicht flüchtet, verliert Pluto sogar irgendwann das Interesse und schnuppert in eine andere Richtung.

Der Vorfall macht mir Mut: Wenn die Tiere nicht weglaufen und so zutraulich sind, könnte es funktionieren. Also betreten wir nun doch das Freilaufgehege. Und schon werden wir von einer Horde Rehe begrüßt, die, gemeinsam mit dem Muffelwild, gerade unseren Weg kreuzen. Noch halte ich Abstand und Pluto kommt aus dem Schauen nicht mehr raus. Doch er bleibt nach wie vor mucksmäuschenstill. Also wage ich mich mit meiner gut gesicherten Fellnase näher heran. Zwei der Rehe werden immer zutraulicher. Sie sind Menschen und offensichtlich auch Hunde gewohnt. Vorhin noch wurden sie von einem Pärchen gefüttert. Nun hoffen sie, auch bei uns etwas abstauben zu können. Doch ich habe mir alles ausgemalt, nur nicht, dass ich mit Pluto heute das Wild füttern könnte. Also zücke ich den Fotoapparat und halte diesen eindrucksvollen Moment für immer fest.

Unser Erlebnis im Tierpark hat mich wirklich verblüfft. Geht Antijagdtraining so schnell? Ein paar Tage später werde ich eines Besseren belehrt: In unserem heimischen Wald treffen wir auf freilaufendes Rotwild. Als es uns sieht, nimmt es Reißaus. Und da ist es wieder: Pluto verfällt in ein Jagdgeheul, das sicherlich bis in den Ort zu hören ist, und möchte am liebsten hinterher. So werden wir wohl noch einige Male nach Blindham zum Trainieren kommen, bis er sich wirklich an Wild gewöhnt.

Gänse findet Pluto nicht so interessant wie Kaninchen.

HINTERGRUND

Mit dem BergTierPark Blindham verwirklichte sich Landwirt Josef Sedlmair 2004 seinen Lebenstraum. Rund um den gleichnamigen Bauernhof eröffnete er auf einer Fläche von 250 000 Quadratmetern ein artgerechtes Zuhause für heimische Wildtiere und vom Aussterben bedrohte Haustierrassen. Den Besuchern bietet das Areal einen spannenden Einblick in die Lebensweise und die Gewohnheiten der Parkbewohner sowie einen großartigen Ort zum Entspannen mit Gastronomie, Kinderspielplatz, Spielhaus und vielem mehr. Der Rundweg durch den Park ist etwa 2,2 Kilometer lang. Hunde dürfen angeleint mit in den Tierpark, aber nicht in den Spielstadl. Sogar eine Dogstation und eine Hundebar sind vorhanden.

17

Tierpark Hellabrunn

Mit dem Hund in den Tierpark – macht das Sinn? Oh ja, aus mehreren Gründen. Für den einen bietet sich der Besuch als entspannter Spaziergang an, der andere lernt bei den vielen Gerüchen Impulskontrolle und der nächste ganz einfach eine neue Welt kennen.

Als ich die teilweise nur durch einen Wassergraben abgetrennten Bereiche sehe, denke ich: »Wenn sich Pluto hier losreißt, ist er ruckzuck in einem der Gehege«. Und da ich meinen griechischen Streuner diesbezüglich noch nicht einschätzen kann, sichere ich ihn gleich doppelte: einmal am Sicherheitsgeschirr und noch zusätzlich am Halsband – das sollte reichen.

So machen wir uns auf den Weg. Als Erstes besuchen wir die Netzgiraffen. Pluto kommt aus dem Staunen nicht mehr heraus: Was sind das für eigenartige Lebewesen? Jagen möchte er sie lieber nicht. Also beobachtet er nur. Doch dann fällt sein Blick auf die vielen kleinen Erd-männchen, die vor dem Giraffengehege zu sehen sind. Oder hat er sie gewittert? Auf jeden Fall sind es sie, die er jetzt um einiges interessanter findet. Noch bevor er mit seinem typischen Jagdgeheul loslegt, ziehen wir weiter.

Vorbei an verschiedenen anderen Anlagen, wollen wir Richtung Elefantenhaus. Da diese sich gerade drinnen aufhalten, ist Pluto relativ entspannt. Nur ein Elefantenjunges ist draußen. Das beäugt er kritisch, es ist aber noch recht weit weg. Doch plötzlich kommt Bewegung in die Gruppe: Die ganze Elefantenfamilie lässt sich sehen. Denn in wenigen Minuten ist eine Vorführung geplant. Wow – ich bringe Pluto in Position, sodass er besser ins Gehege schauen kann. Der Tierpfleger und Moderator steht erhöht und die Elefanten kommen wie gerufen auf uns zu. Schnell mache ich ein paar Schnappschüsse. Und während ich den Worten des Tierpflegers lausche, bemerke ich, wie er plötzlich Pluto mit großen Augen ins Visier nimmt. Auch ich blicke jetzt auf meine Fellnase und realisiere: Pluto fixiert in Vorstehhaltung die Elefanten. Er wird doch wohl nicht? Bevor er selbst eine fatale Entscheidung treffen kann, rufe ich ihn aus seiner Konzentration und wir ziehen rechtzeitig in die andere Richtung von dannen.

INFOS

Adresse: Tierpark Hellabrunn, Tierparkstraße 30, 81543 München, hellabrunn.de; Anreise mit dem MVV (Thalkirchen »Tierpark«) und Auto (Parkplatz Tierpark und Siebenbrunner Straße) möglich
Öffnungszeiten: Täglich 9–17 Uhr (Winter) bzw. 9–18 Uhr (Sommer)

Besuch bei der Elefantenfamilie

Heute Nacht hat Pluto viele neue Eindrücke zu verarbeiten.

Vorbei an Affen, Straußen, Wild und Co. scheint als Nächstes das Wolfsgehege die größte Herausforderung für Pluto zu sein. Das sich hier in der Sonne aalende Exemplar interessiert sich nicht für meinen Vierbeiner. Pluto verharrt in seiner Position – er ist überrascht von der Nähe seines genetischen Vorfahren. Bloß keine Aufmerksamkeit erregen. Irgendwie verstehen die Tiere, dass durch den eingezäunten Bereich keine Gefahr ausgeht. So lässt sich Pluto mit Leckerlis ablenken und wir gehen, bereichert um viele neue Eindrücke, nach Hause. Seine Schnüffelerlebnisse wird er später sicher intensiv in seinen Träumen verarbeiten.

HINTERGRUND

Die Mitnahme von Hunden in den 1911 gegründeten Tierpark Hellabrunn ist erlaubt. Da die Tiere teilweise nur durch einen Wassergraben von den Besuchern getrennt sind, müssen Hunde immer an der kurzen Leine geführt werden. Der Besuch des Tierparks ist eine besondere Herausforderung für Hunde, entsprechend sollten Halter ihre Vierbeiner stets im Auge behalten. Pro Person ist maximal ein Hund erlaubt. Hundegruppen wie z. B. Hundeschulen sind nicht zugelassen. Hunde dürfen nicht mit in die Tierhäuser – auch nicht auf dem Arm getragen. Einzige Ausnahme sind ausgewiesene Assistenz- und Blindenhunde, deren Qualifikation nachgewiesen ist und die ein entsprechendes Geschirr kenntlich macht. Hunde dürfen nicht unbeaufsichtigt im Tierpark, z. B. zum Besuch eines Tierhauses, angebunden werden.

18

Umweltgarten Neubiberg

Keine Zeit, aufs Land zu fahren, aber Lust auf ein beschauliches Dorfleben? Der Umweltgarten Neubiberg ist liebevoll mit heimischen Pflanzen, Gärten und Feldern gestaltet sowie bestückt mit rund 80 Tieren, wie sie früher auf einem Bauernhof gehalten wurden.

Es ist ein wunderschöner Sommertag, als Pluto und ich den Umweltgarten in Neubiberg bewundern. Zum Glück spendet uns das erst 2018 eingeweihte Arboretum etwas Schatten. Hier wachsen für Neubiberg charakteristische Baumarten wie Kiefern, Ulmen, Wacholder- und Apfelbäume und die Elsbeere. Und während die Bäume im Frühjahr und Sommer prächtig blühen, warten sie im Herbst mit einer bunten Laubfärbung auf.

INFOS

Adresse: Umweltgarten Neubiberg, Äußere Hauptstraße 10, 85579 Neubiberg, Tel. 089/600 12-16, neubiberg.de/umweltgarten; Anreise per Auto (Parkplatz Neubiberg) und MVV (Neubiberg)
Öffnungszeiten: Der Umweltgarten ist ganzjährig rund um die Uhr geöffnet, wobei sich die Tiere im Sommer von 8–18 Uhr und im Winter von 8–16 Uhr im Außengehege aufhalten.

Neben der Naherholung dient der neue Baumlehrpfad auch der naturnahen Umweltbildung. Fasziniert bestaune ich die ausgestellten Querschnitte verschiedener Baumarten und lasse zum Abschluss das riesige, hölzerne Waldxylofon erklingen.

Unser nächstes Ziel ist der Marktplatz, auf dem jeden Donnerstag ein Biomarkt stattfindet. Doch heute ist er leer und wir können den Stein- sowie den Staudengarten in aller Ruhe betrachten, bevor wir zu einem der besonderen Schmuckstücke des Gartens kommen: dem Traidkasten. Er ist ein über 200 Jahre alter Getreidespeicher aus Oberösterreich. Heute wird er als Backhaus genutzt. Zudem sind hier alte Garten- und Bauernwerkzeuge beherbergt.

Pluto findet die insgesamt 20 lebensnah gestalteten Gehege definitiv interessanter. So begutachtet er gelassen die Gänse und Hühner. Doch als er die Kaninchen erblickt, erwacht sein Jagdinstinkt. Na gut, dann gehen wir eben weiter. In dieser wie auf einem ursprünglichen Bauernhof gehaltenen Gemeinschaft leben an die 80 Tiere zusammen, darunter gutmütige

Animal watching im Umweltgarten Neubiberg

Dartmoorponys, seltene Kärtner Brillenschafe und Deutsche Edelziegen.

Ein weiteres Highlight des Gartens ist die Kapelle zum guten Hirten, die mit einem dekorativen Holzrelief aufwartet. Weiter geht's zur duftenden Wildblumenwiese neben dem großen Teich. Die in seiner Mitte gelegene Insel ist ein geschützter Brutplatz für Enten und andere Wasservögel und für uns tabu. So bewundern wir den Heil- und Gewürzgarten sowie den Biogarten und die Streuobstwiese – entsprechend nehme ich einige Ideen zur naturnahen Gartengestaltung mit nach Hause. Schließlich kommen wir noch am umtriebigen Bienenhaus vorbei, bevor wir uns wieder auf den Rückweg begeben. Faszinierend, was auf diesem kleinen Raum alles zu sehen, zu erlernen und natürlich zu erschnuppern ist.

HINTERGRUND

Seit 1988 gibt es den etwa 3,2 Hektar großen Umweltgarten Neubiberg. Die Idee dahinter: Förderung des Verständnisses für Natur und Umwelt. Da der Erhalt der Anlage ein großer Aufwand ist, hat sich mittlerweile ein Verein gegründet, der die Gemeinde Neubiberg ehrenamtlich bei der Betreuung und Pflege des Gartens unterstützt. Auch veranstaltet er verschiedenste Workshops und Infotage. Und: Wie es sich für ein ländliches Leben gehört, findet auf dem Marktplatz des Umweltgartens jeden Donnerstag von 14.30–18.00 Uhr ein Biomarkt statt. Einmal im Jahr gibt es den Markt als vergrößerte Version mit Rahmenprogramm wie Schafschur, Bienenwochen oder Kürbisschnitzen. Hunde dürfen im Umweltgarten angeleint mitgeführt werden. Tipp: Wer einen kleinen Beitrag in puncto Umwelt- und Naturschutz leisten möchte, kann eine Bienenpatenschaft im Umweltgarten übernehmen.

19

Rangertour in den Ammergauer Alpen

Jeder von uns hat diesen einen Freund, der seinen Hund unbeaufsichtigt durch den Wald streifen lässt. Da ist die Rangerführung in den Ammergauer Alpen ein Augenöffner. Es ist wirklich spannend, den Wald und die Natur einmal aus Wildtierperspektive zu sehen.

Ganz ehrlich, auch ich wusste bis vor Kurzem noch nicht, dass für die Waldtiere schon allein ein streunender – nicht jagender – Hund lebensgefährlich sein kann. Vor allem im Winter bedeutet allein die Tatsache, aufgespürt worden zu sein, unter Umständen schon den Tod. Denn die Wildtiere verlassen dann sicherheitshalber bei Nacht und Nebel ihren geschützten Bereich, um sich ein neues Zuhause zu suchen. Da dies im Winter fast aussichtslos ist und sie zudem bei der Flucht unnötig wertvolle Energie verschwenden, sinken ihre Überlebenschancen. Sprich: Unseres Hundes Freiheit schränkt den Lebensraum wilder Tiere wie Rotwild, Gämsen und Raufußhuhnarten unsanft ein und könnte sogar deren Tod bedeuten!

Hier Rücksicht zu nehmen, zeugt von wahrer Tierliebe. Rangerin Deniz Göcen, selbst Hundebesitzerin, bietet deshalb eigens Naturparkführungen für Hundebesitzer an. Für den Naturpark Ammergauer Alpen hat sie ein spezielles Hundekonzept entwickelt. In diesem gibt sie jede Menge Tipps und Infos, wie Hund und Mensch den Naturpark zur Erholung nutzen können, ohne die Wildtiere zu gefährden. Sie fasst es in wenigen Worten zusammen: »Euer Freiraum endet da, wo der Lebensraum anderer Tiere und Pflanzen beeinträchtigt wird.«

Und so gibt sie, noch bevor es auf die Tour geht, verschiedene Verhaltensregeln mit auf den Weg: Selbstverständlich sollte für jeden sein, den Hundekot zu jeder Jahreszeit einzusammeln, Wald-Wild-Schongebiete im Winter nicht zu betreten und das Betretungsverbot von Wildschutzgebieten im angegebenen

INFOS

Adresse: Anmeldung zur Rangerführung in der Tourist-Information Oberammergau,
Eugen-Papst-Straße 9A,
82487 Oberammergau,
Tel. 08822/92 27 40,
ammergauer-alpen.de,
naturpark-ammergauer-alpen.de

Rangerin Deniz Göcen bietet im Naturpark Ammergauer Alpen Touren für Mensch und Hund an.

Spurenlesen
im Winter

Zeitraum zu beachten. Deutlicher meinerseits formuliert: Der Hund nimmt keinen Schaden, wenn er in der Nähe von Winterschutzgebieten angeleint wird, die Waldtiere tun es aber, wenn dies nicht geschieht! Gleiches gilt für die Brut- und Setzzeit vom 1. April bis zum 15. Juli – es ist sinnbefreit, die Vierbeiner in entsprechenden Gebieten herumstöbern zu lassen. Denn nach einer Störung verlassen die Wiesen- und Kiesbrüter ihre Gelege und der Nachwuchs stirbt. Übrigens dürfen auch die Wiesen des Ammertals während der Vegetationszeit im Zeitraum zwischen dem 1. April und dem 31. Oktober nicht von Hunden betreten werden. Auf Weiden gilt Anleinpflicht und der Abstand zu den Rindern ist zu wahren. Kommt es zu einem Angriff, gilt es, aus Selbstschutz, den Hund schnell abzuleinen. Hier hat Deniz einen besonderen Tipp parat: »Mach einfach mit der Leine eine Schlaufe durchs Geschirr – so kannst du bei Gefahr einen Teil der Schlaufe loslassen und der Hund ist sofort frei.«

Genug der Regeln. Denn vor allem möchte Deniz ihren Gästen bei den übrigens kostenlosen Rangerführungen die Besonderheit des Naturparks nahebringen. Im Winter weiß sie die verschiedenen Tierspuren im Schnee zu erklären – das öffnet die Augen. So kann auch ich mittlerweile erkennen, welche Spur Pluto gerade erschnüffelt hat. Mal ist es die Spur eines Eichhörnchens, mal eines Fuchses, eines Hasen oder von Nachbars Katze.

Deniz betont, wie wichtig es ist, auf den Wanderwegen zu bleiben: »Wenn wir oder der Hund querfeldein unterwegs sind, werden wir für Wildtiere unberechenbar und zur Gefahr. Immerhin laufen wir durch deren Wohn-, Schlaf- und Esszimmer.« Sie hat auch Tipps parat, wie das »Auf-dem-Weg-Bleiben« Spaß machen kann: »Es gibt so viele tolle Dinge, die ihr mit eurem Hund auf den Wegen erleben könnt, wie zum Beispiel Dogtrekking, Zughundesport oder Such-Verloren-Spiele. Und das Beste: Die Wildtiere gewöhnen sich an immer wiederkehrende Störungen, die nur auf den Wanderwegen stattfinden, und wissen dann, dass von uns keine Gefahr ausgeht.« Mit den Rangerführungen, insbesondere denen für Hundebesitzer, möchte Deniz vor allem das Bewusstsein für die Natur schärfen. Die Motivation dafür entspringt ihrem Lebensmotto »Be the change you want to see in the world«.

Naturpark Ammergauer Alpen im Winter

HINTERGRUND

Der Naturpark Ammergauer Alpen ist 227 Quadratkilometer groß. Etwa 150 Betriebe erhalten die Kulturlandschaft und fünf Ranger sind für den Park im Einsatz. Geprägt ist er durch fünf unterschiedliche Landschaften, Gebirge, Moor, Wiesen, Wald und Wildfluss. Rangerführungen finden übrigens das ganze Jahr über statt.

20

Vogelpark Olching

Ob Amsel, Drossel, Fink und Star oder exotische Arten: Im Vogelpark Olching ist alles vertreten. Und das, obwohl er ausschließlich von ehrenamtlichen Vogelfreunden betreut wird. Und Hunde dürfen sogar umsonst hinein.

Es ist das erste Mal, dass ich mit Pluto in einen Tierpark gehe. Ich habe noch keine Vorstellung davon, wie er sich verhalten wird. Und schon am Eingang lobt ein Mitarbeiter sein im Moment zumindest entspanntes Wesen: Sein eigener Hund würde es im Park aufgrund des aufgeregten Vogelgezwitschers nicht so gut aushalten. Wenn er wüsste: Pluto wechselt auch ganz gerne einmal in einen anderen Modus über und dann ist sein Jagdgeheul für unsere Ohren kaum zu ertragen.

Doch heute benimmt er sich anständig. Er setzt sich sogar in Fotopose und lässt sich geduldig vor den Volieren fotografieren – bis jetzt zumindest. Plötzlich geht alles ganz schnell. Ein kleines Kind jagt einem freilaufenden Pfau hinterher. Und während die Eltern das amüsiert beobachten, hat das laufende Gespann schon längst Plutos Aufmerksamkeit geweckt. Er setzt zum Sprint an. Zum Glück bin ich schneller, das Geschirr sitzt und Pluto bleibt in meiner sichernden Hand auf Abstand. Also bleibt ihm nur noch, frustriert Vogel und Kind lauthals anzubellen. Erschrocken schauen mich die unbedachten Eltern an. Zumindest nehmen sie endlich ihr Kind zu sich und lassen den aufgescheuchten Vogel in Ruhe. Dieser verschwindet auf Nimmerwiedersehen in den Büschen. Schade: Ich hätte ihn so gerne noch als Fotomotiv gehabt.

Wir machen uns zur nächsten Voliere auf. Wie aus dem Nichts steht ein riesiger, australischer Emu vor uns und schaut auf Pluto hinunter. Dieser blickt ehrfurchtsvoll zurück. Kein Mucks ist zu hören, als würde er gerade noch sortieren, ob Flucht oder Spiel angesagt ist. Und da der Pfleger auch gerade in der Anlage ist, versucht er die beiden in Kontakt zu bringen. Der Emu macht sich sogar kleiner und spaziert am Zaun entlang. Pluto weiß offensichtlich immer noch nicht, was er von diesem fremden Wesen halten soll. Nach ein paar Minuten verabschieden wir uns freundlich, denn ich möchte Pluto noch eine weitere Besonderheit zeigen.

INFOS

Adresse: Vogelpark Olching, Toni-März-Straße 1, 82140 Olching, vogelpark-olching.de
Öffnungszeiten: April bis November Sa, So und Feiertage 10–17 Uhr

Im Vogelpark Olching sind Vögel aus aller Welt zu sehen.

Das begehbare Vogelnest bietet Sicherheit und ist ein Ort zum Nachdenken (unten).

Im Vogelpark ist nämlich ein großes, begehbares Nest aufgebaut. Wer sich hier hineinsetzt, wird sich wie ein junges Küken fühlen. Umgeben von Ästen, ist man hier fast so sicher wie in Abrahams Schoß. Ein schöner Platz, um eine kleine Pause einzulegen. Im Prinzip strahlt der gesamte Vogelpark eine angenehme Atmosphäre aus. Er befindet sich am Naturschutzgebiet der Amper und ist, soweit es möglich war, naturbelassen gehalten. Auch sind alle Volieren bepflanzt und die Teichanlagen werden von frischem Flusswasser durchströmt. Zwar dürfen Besucher den hinteren Teil des Parks, der aus einem dichten Auwald besteht, nicht betreten, sie können aber zumindest gut hineinsehen. Mit viel Glück sind verschiedene Wildvögel zu sehen, die hier einen geschützten Rückzugsort haben.

Ich bin beeindruckt davon, was all die ehrenamtlichen Helfer – jeder betreut übrigens seinen eigenen Vogel – im Vogelpark leisten. Sogar mit internationalen zoologischen Instituten arbeiten sie auf Augenhöhe zusammen. So ist der Vogelpark beispielsweise an den europäischen Erhaltungszuchtprogrammen des Balistars und des Weißnackenkranichs sowie an den europäischen Zuchtbüchern für Riesenseeadler, Sonnenrallen und Maronenbrustkrontauben beteiligt. Und dabei finanziert er sich ausschließlich über Spenden und Eintrittsgelder – Grund genug, hier mal öfter vorbeizuschauen.

Der Pfau darf im Vogelpark frei herumlaufen.

HINTERGRUND

Der Vogelpark Olching eröffnete 1982 für die Öffentlichkeit seine Pforten. Ins Leben gerufen wurde er durch Vogelliebhaber der Region, die Vögel artgerecht halten wollten. Sie bauten dafür besonders große Volieren, die den Vögeln viel Platz bieten. Das Parkgelände besitzt 40 Nisthöhlen. Insgesamt leben 600 Tiere aus 150 verschiedenen Arten im Park. Er umfasst 20 000 Quadratmeter, wobei 7000 davon für die Öffentlichkeit zugänglich sind. Auf dem Gelände gibt es Sitzbänke, einen Spielplatz sowie einen Kiosk. Betreiber des Parks ist der Vogelliebhaberverein Olching und Umgebung e. V. – Hunde dürfen kostenlos mit hinein. Sie sollten angeleint sein und nicht zu nah an die Gehege kommen.

Training

Dogdive im Hundesporthotel Wolf

21

Hundesporthotel Wolf

Ob jung oder alt, Langnase oder Hütehund – im Hundesporthotel Wolf findet jeder Vierbeiner ein passendes Programm. Und wenn er mit seinem Zweibeiner einfach nur wandern möchte, ist dies im Naturpark Ammergauer Alpen auch eine gute Idee.

An die 25 Jahre gibt es nun schon das Hundesporthotel in Oberammergau. Damals als »spinnerte« Geschäftsidee belächelt, ist es heute ein gefragtes Domizil für Hundemenschen. Egal, ob sie an einem der vielen Seminare teilnehmen möchten oder ganz einfach nur die Ammergauer Alpen mit ihrem Vierbeiner erkunden wollen. Pluto und ich sind hier, um ein bisschen ins Hotelprogramm hineinzuschnüffeln. Dafür steht mir Hundetrainerin Moni Mittmann zur Seite. Da Moni weiß, dass wir als Mensch-Hund-Team in Agility hineinschnuppern möchten, empfiehlt sie uns vorab den Gang zum Physiotherapeuten Rainer Bollrath. Er löst eine Blockade in den Pfoten von Pluto, die langfristig und vor allem bei Sport zu einer Fehlbelastung führen könnte.

INFOS

Adresse: Hundesporthotel Wolf, Dorfstraße 1, 82487 Oberammergau, Tel. 08822/923 30, hotel-wolf.de

Entsprechend vorbereitet betreten wir den Agility Parcours, den Trainerin Caro Höfer aufgebaut hat. Da ich von Agility so gar keinen Plan habe, übergebe ich Pluto in ihre erfahrenen Hände. Denn ich möchte einmal schauen, wie er sich hier so macht. Einen ehemals ängstlichen Streuner durch einen Reifen springen zu lassen, könnte schwierig werden, ist Caro überzeugt. Doch wir stellen Pluto dieser Herausforderung. Und man glaubt es kaum: Nach wenigen Versuchen und dem durchaus schlauen Trick, einfach um das Hindernis herumzulaufen, nimmt Pluto kurzerhand die Abkürzung und springt hindurch. Den überraschten Gesichtsausdruck der Trainerin, den ich spontan fotografiert hatte, habe ich versprochen, nicht zu veröffentlichen. Und wer hätte das gedacht: Nur wenige Wochen später brauche ich genau diese Übung an einem anderen Ort – nämlich in den Bavaria Filmstudios, während wir das Boot besichtigen (siehe Kapitel 1).

Moni nimmt Pluto und mich als Team unter die Lupe. Nach einiger Beobachtung stellt sie fest, dass ich nicht konsequent als Leittier

Physiotherapie vor dem Training

Im Hundesporthotel fühlen sich Zwei- und Vierbeiner wohl.

fungiere, sondern wir nebeneinander hergehen. Sie verdeutlicht das mit einem Beispiel: »Du steigst doch auch nicht in ein Taxi, ohne zu sagen, wo es langgeht.« Zwar zieht Pluto mich nicht von A nach B, aber meine Gangart ist zu langsam, mein Blick nicht nach vorne, auf ein gedachtes Ziel, sondern mehr auf meine Umgebung gerichtet – ich lasse mich bei der Gassirunde zu sehr von meiner Intuition treiben. Was im Alltag durchaus ein entspanntes Lebensmotto sein kann, hat im Hundetraining nichts zu suchen. Notiz an mich selbst: Vor der Gassirunde überlegen, welches Tagesziel ich nicht nur örtlich, sondern auch im Miteinander mit Pluto anvisiere.

Auch dürfen wir weitere Trainings besuchen, dazu gehören »Obedience« mit Uwe Wehner, »Molosser-Spezial« mit Sabrina Sawade und natürlich auch »Clever & Fit« mit Moni und Rainer. Faszinierend, was die Hunde im jeweiligen Programm alles bereit sind, zu meistern. Bereichert mit neuen Erkenntnissen, zahlreichen Tipps und neuen Tricks treten wir die Heimreise an. Wir kommen gerne wieder, vielleicht auch einmal im Sommer, sodass wir ausgiebig planschen können: Pluto im Hundeschwimmbecken und ich im Außenbecken für Zweibeiner.

Eine der drei Hundetrainingshallen und der Außenbereich fürs Training

Muskelaufbau und Fitnesstraining auf dem Unterwasserlaufband

HINTERGRUND

Am 4. April 1998 von Inge Raggl und Rudolf Wolf gegründet, bietet das Hundesporthotel mittlerweile knapp 39 Zimmer und 17 Ferienwohnungen auf seinem Areal an. Hinzu kommen drei Trainingshallen, ein Hundeschwimmbecken, zwei eingezäunte Auslaufgebiete, Physiotherapie, Hundeduschen und ein Hundeshop – klar, dass auch das gesamte Interieur komplett auf Hunde ausgerichtet ist. Der Zweibeiner freut sich über das hervorragende kulinarische Angebot, eine Sauna sowie ein Schwimmbad. Es finden zu verschiedensten Themen Hundetrainings statt – der Seminarplan ist übersichtlich auf der Website beschrieben.

22

Seehotel Moldan

Im Seehotel Moldan steht der Hund im Mittelpunkt. Er darf hier fast alles: mit ins Restaurant, mit zur Wellnessbehandlung, mit ins Außenbecken und sogar ab der Rezeption im ganzen Hotel frei herumlaufen. Für Pluto eine ganz neue Erfahrung.

Michaela Moldan, die das »Dogotel« gründete, erinnert sich zurück: »Früher hatte ich einmal eine Frühstückspension. Doch irgendwann wurden es immer weniger Gäste und ich wollte mir, gemeinsam mit meinen Hunden, eine Auszeit nehmen. Aber jedes Hotel, das ich anfragte, winkte ab: Hunde im Hotel waren nicht willkommen. Einer bot mir sogar ein Abstellzimmer bei den Müllcontainern an. Ich war wirklich entsetzt, und so entstand die Idee, ein Hundehotel zu gründen, eines, in dem Hunde und ausschließlich Hundefreunde willkommen sind.«

Mit einem kleinen Trick lockte Moldan ihre ersten Gäste an. Sie lobte auf entsprechenden Portalen ihre Pension als besonders hundefreundlich und beschrieb, dass man hier sogar mit mehreren Hunden als Gast herzlichst empfangen werde. Bald darauf buchten sich die ersten Hundebesitzer ein. Und es kamen immer mehr. So wurde im Laufe der Zeit ihre Pension für die vielen Hundefreunde zu klein, während sich gleichzeitig die Übernahme des Seehotels Moldan ergab.

Mit an die 10 000 Quadratmetern Fläche und mittlerweile 60 Zimmern kann es bis zu 110 Menschen beherbergen. Die Anzahl der Hunde ist nicht limitiert. Zudem kommen eine große, nochmals eingezäunte Wiese mit Agility Parcours, ein Außenschwimmbecken, das für Hunde und Menschen nutzbar ist, eine Indoorhalle, ein Hundeshop, eine kleine Pieselwiese am Parkplatz und natürlich auch noch die vielen Annehmlichkeiten für Zweibeiner hinzu. Diese sind das Restaurant mit Terrasse, in dem vor allem regional gekocht wird, eine gemütliche Kaminbar, eine Sauna sowie eine Wellnessabteilung. Die Zimmer bieten alles, was das Hundebesitzerherz begehrt: vom Hundebett über Näpfe bis hin zum Kühlschrank für Barf. Selten auch, dass es einem hier langweilig wird. Zumal unterschiedlichste Hundetrainings, Hundephysiotherapien, Hundefotoshootings und vieles mehr angeboten werden.

Und für alle, die mit ihrem Hund einfach nur Urlaub machen möchten, hat das Hotel natürlich auch jede Menge hundefreundliche Ausflugstipps parat: Jeden Morgen zum

INFOS

Adresse: Seehotel Moldan, Seestraße 10, 84389 Postmünster, Tel. 08561/98 41 77-0, dogotel.de

Im Seehotel Moldan dürfen Mensch und Hund in den Außenpool.

Familie Moldan mit
ihren Vierbeinern

Pluto freut sich über den Auslauf in einer der eingezäunten Hundewiesen.

Frühstück erhalten die Gäste eine tagesaktuelle Dogotel-Zeitung – gespickt mit interessanten Informationen vom Wetter über die Tagesspeisekarte bis hin zu empfohlenen Aktivitäten.

Pluto und ich sind beschäftigt, denn wir nehmen an einem Mantrailing-Seminar teil. So ist meine Schnüffelnase durch den Kurs recht ausgelastet. Doch wir schaffen immerhin eine kleine Runde um den Rottauensee. Anschließend gönne ich mir eine wirklich empfehlenswerte Massage und ein Candlelight-Dinner mit vier Gängen. Und während ich abends die Erlebnisse Revue passieren lasse, frage ich mich: »Wieso nennt sich das Dogotel nur ›Stern am Hundehimmel‹?« Ich bin nämlich mindestens genauso gut betreut worden. Kein Wunder: Die Familie Moldan ist Gastgeber in der fünften Generation.

HINTERGRUND

Michaela Moldan eröffnete 2010 das Seehotel Moldan. Mittlerweile hat es ihr Sohn Constantin übernommen. Das Hotel bietet alles, was sich Hunde und ihre Besitzer wünschen. Übrigens werden nur Gäste mit Hund willkommen geheißen und ab der Rezeption heißt es Freilauf für alle – außer im Restaurant, da müssen die Hunde an die Leine. Es werden Seminare wie Mantrailing, Krimitouren, Hoopers und vieles mehr geboten. Außerdem wartet das Hotel mit einer Hundewiese, einem Hundewellnessprogramm, einer von außen begehbaren Hundedusche in einer Hütte mit Fußbodenheizung und einer Hundespeisekarte auf. Die Fellnase darf sogar mit zur Wellnessbehandlung. Auch Hundesitting wird angeboten – was aber eher selten angefragt wird.

23

Ausflug mit dem SUP

Warum ein Vierbeiner mit zum Stand-up-Paddeln sollte? Ganz einfach: Es ist ein hervorragendes Ganzkörpertraining, denn es fördert seine Stabilität, Balance und Muskulatur. Außerdem macht das gemeinsame Paddeln so richtig Spaß.

Stand-up-Paddeln ist, richtig ausgeführt, ein intensives Outdoortraining mit Spaßfaktor. Doch bei den Vierbeinern gilt das Gleiche wie bei den Zweibeinern: Der eine mag es, der andere muss es erst noch zu schätzen lernen. Das gilt auch für Pluto. Konnte ich bisher mit meiner Wasserjunkie-Labradordame Salome stundenlange Touren unternehmen, ist bei Pluto absolute Basisarbeit angesagt. Allein das große Brett sowie das Paddel sind ihm suspekt. So wählen wir erst einmal ein riesiges Team-SUP-Board und begnügen uns mit dem Uferbereich. Pluto an Land, ich auf dem Brett. Jeder Touch des Sportgeräts wird mit einem Leckerli belohnt. Als Pluto die zweite Pfote aufsetzt, stabilisiere ich das Board – bloß keinen Schreckmoment durch Wegtreiben erleben lassen.

Irgendwann fasst meine Fellnase Vertrauen und begibt sich komplett auf das Brett. Super! Zeit für den nächsten Schritt. Vorsichtig schiebe ich das SUP durch das Wasser, während Pluto zunächst stocksteif das Geschehen beäugt. Langsam ist er bereit, sich hinzusetzen. Noch immer im Uferbereich treibend, setze ich mich dazu, erst mit Bodenkontakt, dann nehme auch ich die Beine aufs Brett. Das Paddel habe ich ebenfalls schon mal dabei. Doch erst gilt es, Pluto beizubringen, dass sein Platz am Bug (vorne) des Bretts ist. Sonst wird er mich später, wenn ich stehe, behindern. Langsam paddele ich die ersten Meter – kniend, das ist am Anfang sicherer.

Bei der zweiten Paddelstunde nehme ich schon ein kleineres Board. Denn als routinierte Paddlerin weiß ich, dass zumindest mich so schnell nichts ins Wasser schmeißt. Trotzdem beginnen wir wieder mit dem langsamen »Ans-Brett-Gewöhnen«. Und da ich heute, wenn möglich, mal etwas Strecke paddeln möchte, bekommt Pluto eine Schwimmweste angezogen. Ich staune: Der kleine Bursche macht sich echt gut. Wie eine Galionsfigur sitzt

INFOS

Kontakt: SUPen mit Hund über talenthund.de oder mit den Martin Rütter DOGS, martinruetter.com/rosenheim-traunstein;
SUP-Kurse für Zweibeiner, z. B. am SUP Club Chiemsee, sup-club-chiemsee.de, oder bei Chiemsee Kaufmann, chiemsee-kaufmann.de

Pluto als Galionsfigur auf seiner ersten SUP-Tour

er auf dem Board, als hätte er sein Leben lang nichts anderes getan. Einzig die Wasservögel lassen ihn unruhig werden – am liebsten möchte er grad wohl eher jagen gehen. Nix da! Zügig paddle ich in die andere Richtung. Um ihn nicht ständig mit dem Seitenwechsel des Paddels zu irritieren, mache ich den C-Schlag. So kommen wir zum nächsten Steg, dienen kurzzeitig ein paar Touristen als Fotomotiv und paddeln wieder zurück. Gut gemacht, mein kleiner Jagdhundmix-Streuner. Vielleicht umrunden wir eines Tages tatsächlich mal die Chiemsee-Inseln?

HINTERGRUND

Als VDWS-SUP-Lehrer (Verband Deutscher Wassersport Schulen) empfehle ich jedem, der in das Paddeln mit Hund einsteigen möchte, zunächst selbst einen SUP-Kurs zu machen. So werden nicht nur die korrekten Paddeltechnik-Grundlagen erlernt, sondern auch sicherheitsrelevante Themen wie Wind und Wetter, Kleidung, Material und Wassersportregeln erörtert. Auch gibt dies mehr Sicherheit auf dem Brett, bevor der Hund mitgenommen wird. Und da es beim Paddeln mit Hund ein paar Tipps und Tricks – von dem didaktischen Aufbau bis hin zur passenden Ausrüstung – zu beachten gibt, macht ein SUP-Kurs mit Hund definitiv Sinn. So wird das gemeinsame Paddeln langfristig zu einem großartigen, bindungsstärkenden Sommererlebnis.

24

Chiemsee

Klar können Hunde schwimmen, aber viele wissen es nicht. Oder: Sie wissen es, aber sie wissen noch nicht, dass es Spaß macht. So auch Pluto. Zwar nimmt er heute an dem schon laufenden Schwimmkurs nicht teil, aber hineinschnuppern darf er schon mal.

Bis vor Kurzem wusste ich noch nicht, dass ein Schwimmkurs für Hunde durchaus sinnvoll sein kann. Denn mit meiner mittlerweile leider verstorbenen Labradordame Salome lief alles wie am Schnürchen: Sie liebte ihr schwimmendes Wasserspielzeug – nur, Orange musste es sein. Zack, ins Wasser geworfen, schon war es wieder gerettet und an Land gebracht. Salome schwamm sogar schneller, als ich kraulen konnte – obwohl ich mit Schwimmbrille und Schnorchel (!) bewaffnet war. Sie sprang furchtlos von allen Stegen dieser Welt, ging freiwillig mit in jegliches Wasserfahrzeug und auch im Winter ganz gerne in der eiskalten Prien baden – das alles ohne spezielle Schwimmausbildung.

Dass nicht jeder Hund so ist, zeigt mir Pluto – und er beweist damit, dass nicht immer das andere Ende der Leine einen wasserscheuen Hund verbockt hat. Meine Langnase hat insbesondere Vorbehalte gegen tiefes Wasser. Immerhin: Wasserscheu ist Pluto nicht. Er taucht sogar mit seinem ganzen Kopf unter, wenn es etwas Spannendes herauszufischen gibt – aber bitte nur im Uferbereich. Ich vermute ja, dass er sich in seiner Streunerzeit von frischem Fisch ernährt hat. Schwimmen findet er schlichtweg blöd. Wenn er doch nur wüsste, welch gelenkschonendes Ganzkörpertraining das ist.

Um es ihm näherzubringen, dürfen wir heute einmal in Claudia Steiners Hundeschwimmkurs von Martin Rütter DOGS Rosenheim/Traunstein hineinschnuppern. Zwar sind wir zu spät dran, um an dem mehrtägigen Kurs teilzunehmen, aber allein durchs Zuschauen können wir einiges lernen. Claudia kennt die Ängste und Vorbehalte der einzelnen Vierbeiner in ihrem Kurs ganz genau. Und so hat sie für jeden einen speziellen Trainingsplan entwickelt. Und während der eine schlichtweg eine Schwimmweste als Sicherheit benötigt, fühlt sich der andere auf einem SUP-Board besonders wohl. Der Dritte mag lieber von seinem Frauchen im Schwimmreifen spazieren ge-

INFOS

Adresse: Martin Rütter DOGS Rosenheim/Traunstein, Claudia Steiner, Buchenstraße 4, 83132 Pittenhart, Trainingsgelände: Bad Endorf, Tel. 08624/94 86 26, martinruetter.com/rosenheim-traunstein/

Für jeden Hund gibt es sein eigenes Schwimmkursprogramm.

schoben werden und ein anderer soll lernen, vom uneffektiven Wasserquirlen auf echtes Schwimmen zu wechseln – jeder Hund hat also sein ganz eigenes Wasserthema. Und jeder bekommt heute von Claudia seine ganz eigene, kleine Herausforderung, die ihn näher an das erfrischende Nass gewöhnen wird. Ich beobachte und staune: Allein in einer Stunde Training sehe ich enorme Fortschritte. Das lässt hoffen. Zwar wird Pluto wahrscheinlich niemals zum Kachelzähler, aber wenn er sich irgendwann einmal zumindest für ein paar Schwimmzüge ins tiefe Wasser begibt, wäre ich schon ziemlich glücklich.

HINTERGRUND

Der Hund sollte niemals mit Gewalt zum Schwimmen gezwungen werden. Gerade bei kurznasigen Rassen oder auch ängstlichen Hunden ist eine Schwimmweste sinnvoll. Saubere Seen mit flachen Uferbereichen zum einfachen Hinein- und Hinausgehen mit wenig Betrieb vor allem beim Fellschütteln sind die beste Wahl. Und wer zielgerichtet seinen Hund an das Wasser gewöhnen möchte, dem sei definitiv ein Hundeschwimmkurs empfohlen.

25

Windhund-Rennstrecke in Mammendorf

Wer wissen möchte, wie schnell seine Fellnase unterwegs sein kann, der sollte die Windhund-Rennstrecke in Mammendorf testen. Doch das ist nur mit etwas Übung machbar – denn der Sprint an der Hasenzugmaschine will gelernt sein.

Als ich mit Sigrid Lippke-Hager, der Vorsitzenden des Windhund-Rennvereins Bayern, spreche, bin ich schnell ernüchtert. Unwissend, wie ich war, hatte ich die Vorstellung, dass ich mal eben schnell vorbeikomme und Pluto mit einem Zeitstopper über die Rennstrecke laufen lasse. Denn mich interessiert brennend, wie schnell er im Freilauf durchstarten kann. Natürlich habe ich mir keine Gedanken darüber gemacht, wie so ein Start aussieht, warum mein Hund plötzlich sprinten sollte und wie ich ihn später wieder in den Ruhemodus bekomme. Nun erfahre ich: Das alles will gelernt sein, kleinschrittig – eben wie bei allem, was wir mit unseren vier Pfoten trainieren.

INFOS

Adresse: Windhund-Rennverein Bayern e. V., Jahnweg 9, 82291 Mammendorf, Tel. 08623/91 96 69, windhundrennverein-bayern.de

Doch Sigrid ermutigt mich: »Wenn dein Hund ein Läufer ist, und du ihn langsam und richtig daran gewöhnst, wird er sicher Spaß an der Rennbahn haben.« Deshalb sind auch andere Hunderassen im Windhund-Rennverein herzlich willkommen. Einsteiger können nach einem persönlichen Vorgespräch, bei dem sich die Trainingsleitung vergewissert, dass der Hund nicht überfordert ist, an einem kostenlosen Schnuppertraining teilnehmen. Meist läuft die Fellnase dann erst einmal eine Gerade, bevor sie – je nach Kondition, Alter und Größe – eine ganze Runde laufen darf. Und wenn der Vierbeiner das Rennen liebt, kann er sich gleich zum Jederhundrennen anmelden, welches einmal im Jahr in Mammendorf stattfindet.

Gut zu wissen ist, dass das richtige Training schon im Alltag beginnt und nicht auf dem Rennplatz. Denn wie bei den Menschen auch, kann der Hund nur durch Konditionstraining und Muskelaufbau – am besten im Freilauf – wirklich fit werden. Auch an den Maulkorb gewöhnt er sich am besten erst einmal langsam und zu Hause. Der ist notwendig,

Der Maulkorb ist notwendig, damit sich der Hund nicht in den »Hasen« verbeißt.

Zum Training geht es über verschiedene Hindernisse.

Wer auf der Rennstrecke trainieren möchte, muss keinen Windhund haben.

Windhunde sind natürlich die klaren Sieger auf der Strecke.

damit er sich nicht in den Hasen – natürlich einen Felldummy – verbeißt. Zu Hause kann jeder auch schon einmal das Anlegen der Renndecke, auf der die Startnummer steht, trainieren.

Vor Ort ist für viele unerfahrene Hunde der Startkasten ein Thema. Denn dieser ist eng, dunkel und mit lauten Geräuschen verbunden. Hier gilt es so zu trainieren, dass der Vierbeiner in der Vorfreude auf den zu jagenden Hasen freiwillig hineingeht. Das wird sicher einige Zeit dauern und bis dahin darf der Hund aus der Hand gestartet werden. Windhunde sind übrigens Sichtjäger und darauf trainiert, die lebende Beute im Laufen einzuholen. Nach dem Geparden zählen sie mit an die 75 Sachen zu den schnellsten Säugetieren der Erde.

Sigrid warnt: »Die Verantwortung für den Hund liegt beim Besitzer!« Denn unsere Fellnasen gehen im Rennen an ihre Grenzen. Entsprechend muss sie der Besitzer vor Verletzungen durch Überbelastung schützen, sie vor dem Lauf aufwärmen und in den Ruhepausen rund um das Training warmhalten und zur Ruhe bringen – also nicht toben lassen. Und so gibt Sigrid jedem Interessenten mit auf den Weg: »Wenn du und dein Hund Spaß an der Rennbahn haben, dann eröffnet euch unser Rennverein alle Möglichkeiten, um den Rennsport für dich und deinen Hund zum Highlight eurer Beziehung zu machen.« Mein Ehrgeiz, es auszuprobieren, ist zumindest schon mal geweckt. Mal schauen, was Pluto dazu sagt.

Nach dem Rennen kommt die Belohnung.

Afghanische Windhunde in ihrem Element

HINTERGRUND

Seit 1974 gibt es den Windhund-Rennverein in Mammendorf, gegründet wurde er schon 1949 an einem anderen Ort. Er besteht aus lauter ehrenamtlichen Mitgliedern, die sich um die aufwendige Platzpflege sowie die Organisation drumherum kümmern. Der Platz bietet insgesamt drei Distanzen: 290 Meter, 375 Meter und 490 Meter. Die Sprintzeit wird per iPad gemessen. Neben dem Rennplatz gibt es zudem einen moderierten Wiesenauslauf in abgesichertem Gelände. Gasthunde sind nach Anmeldung gegen ein kleines Entgelt von gerade mal zwei Euro herzlich willkommen. Im naheliegenden Restaurant sind Hunde nur auf der Terrasse erlaubt.

Zweibeiner-Specials

Der Außenwhirlpool
von Gut Ising

26

Minihofbräuhaus

Natürlich gibt es kaum einen Biergarten, in den man seinen Vierbeiner nicht mitnehmen darf. Doch das Minihofbräu im Englischen Garten ist trotzdem etwas ganz Besonderes. Denn hier kommen definitiv nur Hundemenschen hin.

Für mich ist der Besuch des Minihofbräuhauses immer wieder eine Reise in die Vergangenheit. Vor Jahren schon hat mich ein mittlerweile leider verstorbener Freund auf diese kleine Oase für Hundebesitzer aufmerksam gemacht. So komme ich hierher, erinnere mich an die gemeinsame Zeit, die wir hier verbracht haben, proste ihm im Gedenken zu und freue mich gleichzeitig, dass sich an dem hundefreundlichen Ambiente nichts geändert hat.

Nach wie vor finde ich es erstaunlich, wie sich die vielen freilaufenden Hunde im Biergarten wie auch auf der angrenzenden Wiese problemlos miteinander vertragen. Große und kleine, alte und junge Hunde, reinrassige Arten und putzige Straßenmischungen kommunizieren miteinander, als wären sie die ältesten Jugendfreunde. Pluto schaut sich das alles lieber mit Abstand an – und so lasse ich ihn erst einmal in Ruhe ankommen. Noch ist er misstrauisch und vorsichtig ob der fremden Vierbeiner, die sich neugierig zum Schnüffeln nähern. Schließlich liefen in Griechenland seine Hundebegegnungen selten friedlich ab – sei es beim Kampf ums Essen oder um läufige Hündinnen.

Das Minihofbräu ist eher ein Kiosk mit Selfservice denn ein typischer bayerischer Biergarten. Es ist bekannt für seine deftige Hausmannskost wie Fleischpflanzerl, Schnitzel oder Schweinebraten. Doch auch Süßspeisen wie »Kaskucha« oder Apfelkücherl sind hier legendär. Laut dem Betreiber Michael Geyer wird gekocht wie bei Mama oder eben Uroma, wenn es nach besonderen Rezepten wie frisch gebackenem Kuchen geht. Auch punktet der Biergarten mit moderaten Preisen und Fassbierausschank. Bei schönem Wetter wird sogar gegrillt. Und wer's eilig hat, bestellt hier to go – aber dann bekommt er von dem entspannten Hundeflair leider so gar nichts mit.

INFOS

Adresse: Minihofbräuhaus, Gyßlingstraße 59, 80805 München; zu erreichen ist das Minihofbräu entweder über die Osterwaldstraße oder zum Beispiel die Gyßlingstraße, je nachdem, aus welchem Teil von München man kommt.
Öffnungszeiten: Der Biergarten ist täglich ab 9 Uhr geöffnet.

Das Minihofbräu ist nach einer Gassirunde der perfekte Platz zum Entspannen.

HINTERGRUND

Im etwas wilderen Nordteil des Englischen Gartens gelegen, öffnete das Minihofbräuhaus im Jahre 1998 seine Pforten. Seitdem ist der angeblich sogar hundefreundlichste Biergarten der Welt fest in der Hand von Hundebesitzern, die hier ihren Gassigang ausklingen lassen.

27

Hotel Gasthof zur Post

Wer seinen kleinen Schatz einmal richtig gut ausführen möchte, dem sei der Gasthof »Die Post« empfohlen. Unweit des Ammersees in Herrsching gelegen, bietet sich vor dem À-la-Carte-Menü zunächst eine ausgiebige Gassirunde an.

In etwa so beginnt jeder Hundebesuch im Gasthof zur Post: »Darf es ein Näpfchen Hundeschampus sein?« Interessiert betrachte ich das Etikett: Ein Ruinart Rosé, der dürfte locker 100 Euro kosten! Mein persönliches Budget würde das sprengen, doch zum Glück ist nur Wasser in der Flasche. Und während Pluto glücklich aus dem frisch gefüllten Napf trinkt, gönne ich mir einen Spritz und studiere die Karte.

Die Post arbeitet vor allem mit regionalen Lieferanten zusammen und sie ist dafür bekannt, dass es hier mindestens so gut schmeckt wie bei Oma. Ich bin überzeugt, das gilt auch für die eigens entwickelte Hundespeisekarte. Die Auswahl fällt schwer: Soll es das Veggie-, das Verwöhn- oder das Standard-Menü für Pluto sein? Am Ende wähle ich doch das Hunde-Luxus-Menü. Es ist eine Kombination aus Trockenfutter, gegartem Rindfleisch und Kartoffeln. Auch eine Schale Wasser wird ihm gereicht. Klar, dass Pluto nach dem anstrengenden Tag auch noch ein Dessert wünscht. So kaut er zum Abschluss genüsslich auf seinem Ochsenziemer herum.

Aus hygienischen Gründen wird das Hundefutter übrigens separiert von der normalen Küche zubereitet, erklärt mir die Postwirtin Elisabeth Walch später – nur zur Info, falls sich jemand darüber Sorgen macht. Egal wie, ich jedenfalls bin froh, dass ich nicht umständlich mit einem mitgebrachten Napf irgendwo in einer versteckten Ecke mühevoll das Dosenfutter herauskratzen muss, sondern der Service ganz selbstverständlich aus dem Gasthaus kommt. Außerdem wollten wir heute Abend ja auch gemütlich gemeinsam schlemmen.

Ob Pluto nach dem Schampus noch ein eigens in der Hundebia Manufaktur gebrautes Hundebia trinken möchte? Ich winke ab, denn

INFOS

Adresse: Hotel Gasthof zur Post, Andechsstraße 1, 82211 Herrsching am Ammersee, post-herrsching.de; Gassirunden & Wanderungen unter starnbergammersee.de

ich glaube, er hat heute genug Flüssigkeit zu sich genommen – nicht, dass wir in der Nacht zu oft raus müssen. Der hundgerechte Hundebia-Suppensud ist in speziellen Bierflaschen mit Bügelverschluss abgefüllt und durchaus einige Zeit haltbar. Also nehmen wir noch ein paar Flaschen für zu Hause mit – die nächste Hundeparty kommt bestimmt.

Da ich auf der Durchreise bin, werde ich auch hier übernachten. Seit 1567 ist der ehemalige Adelssitz ein Gasthaus. Ob Ludwig II., Sisi oder Karl Valentin – schon einige Prominente haben in der geschichtsträchtigen Post übernachtet. Deshalb hat auch jeder davon ein nach ihm benanntes Zimmer erhalten. So auch Lola Montez. In der Post soll sie sogar ihr missglücktes Stelldichein mit Ludwig I. gehabt haben. Und in dem nach der Femme Fatale benannten Gemach darf ich heute übernachten. Egal, Montez liebte ihre Dogge Turk – ein Hundeliebhaber kann nicht so verkehrt gewesen sein.

Pluto wartet geduldig, bis ich ihm den Schlemmerspaß erlaube.

HINTERGRUND

Die Post ist seit 1547 ein Gasthaus. Seit 2000 gibt es das denkmalgeschützte, liebevoll von den Betreibern renovierte Gasthaus in seiner heutigen Gestalt. Der Gasthof gilt seit jeher als hundefreundlich. So stehen selbstverständlich immer Hundenäpfe bereit. Als Postwirtin Elisabeth Walch einen eigenen Hund besitzt, kommt ihr eines Tages die Idee: Über Gastfreundschaft freuen sich Zweibeiner genauso wie Vierbeiner. Seitdem gibt es nicht nur eine eigene Hundespeisekarte, sondern immer eine herzliche Hundebegrüßung in der Post.

Der Windhund der Postwirtin gab die Idee zur Hundespeisekarte.

28

Weihenstephaner Berg

Natürlich ist es nicht ganz uneigennützig, wenn man mit seinem Hund einen Ausflug zum ältesten Brauhaus der Welt macht. Aber nach einem ausgiebigen Spaziergang wird einem der Vierbeiner ein kühles Bier unter den Kastanien sicher gönnen.

Damit Pluto auch ein wenig Spaß bei unserem heutigen Ausflug hat, darf er seine Freundin Yuna mitnehmen. Die beiden passen gut zusammen und gehen gerne auf gemeinsame Entdeckungsreise. Und ganz egal, ob man nun mit dem Auto angereist ist oder per S-Bahn kommt – der Obere Schlangenweg sollte begangen werden. Nicht, weil er aufgrund der benannten Reptilien so gefährlich ist, sondern ganz im Gegenteil: weil er so schön beschaulich ist. Denn er führt durch einen lichten Laubwald mit Blick auf die Domstadt Freising. Und wer sich mit Pflanzen auskennt, findet am Wegesrand Lungenkraut, Scharbockskraut und Aronstab.

Unübersehbar ist aber definitiv das Korbiniansbrünnlein. An dieser Stelle soll – der Legende nach – der heilige Korbinian seinen Spazierstock in den Boden gestoßen haben, woraufhin Wasser hervorsprudelte, welches angeblich sogar Augenleiden und Fieber heilt. Seine Gefährten, die im Jahre 725 mit ihm das Benediktinerkloster auf dem Nährberg gegründet hatten, waren zumindest sehr froh darüber. So mussten sie ab jetzt kein Wasser mehr mühsam den Berg hinaufschleppen. Die darüber liegende Korbinianskapelle, von der mittlerweile nur noch die rückseitigen Wände übrig sind, entstand erst Jahre später.

Doch das alles interessiert weder Yuna noch Pluto. So bauen wir an den schmalen Treppen ein paar Trainingseinheiten ein. Sie sind perfekt zum »Hinten« üben. »Sitz« und »Bleib« müssen die Fellnasen natürlich auch bei jeder Fotosession machen – und das im Doppelpack. So zum Beispiel im parkähnlichen Hofgarten. Er war früher der Kernbereich des Klostergartens der Benediktiner. Blickfang ist klar das in den 1990er-Jahren renovierte Salettl, das ehemalige Gartencasino der Weihenstephaner Äbte. Der Garten selbst beeindruckt

INFOS

Adresse: Bräustüberl Weihenstephan, Weihenstephaner Berg 10, 85354 Freising; Anreise mit dem Auto oder per S-Bahn (Freising)

Die Treppen am Weihenstephaner Berg bieten sich für Trainingseinheiten an.

Der Legende nach hat der heilige Korbinian an dieser Stelle das Wasser entdeckt.

Yuna und Pluto vor dem Salettl

mit seinem tollen Baumbestand von der Blutbuche über Gingko und Silber-Ahorn bis zum Lebkuchenbaum. Und er punktet auch mit einer abwechslungsreichen Stauden- und Rabattenpflanzung. Der Blick von der westlichen Aussichtsterrasse wird bei gutem Wetter mit einem herrlichen Alpenpanorama belohnt. Ein kleiner Abstecher geht noch: Auch in den Parterregarten dürfen Hunde hinein. Er besitzt eine sogenannte Draufsichtbepflanzung im modernen Design.

Zum Schluss kommt die Gemütlichkeit: Überall da, wo im Mittelalter ein Kloster stand, wurde gebraut. Genau an dem Ort zu sein, wo die älteste noch vorhandene Klosterbrauerei der Welt steht, ist schon etwas Besonderes. Heute ist sie unter dem Namen Weihenstephaner Bräustüberl weltweit bekannt und bietet vom Biergarten bis zum Salettl an die 500 Sitzmöglichkeiten unter freiem Himmel sowie 80 überdachte Plätze. Hinzu kommen die Sitzgelegenheiten in den Stüberln, im Keller sowie in den Sälen des Erd- und Obergeschosses. Noch wichtiger ist es, das Weihenstephaner Weißbier und die typischen bayerischen Schmankerl zu genießen. Übrigens soll die damalige Wirtin Katharina Eisenreich in den 1920er-Jahren den Obazdn erfunden haben.

HINTERGRUND

Die Geburtsstunde der Klosterbrauerei Weihenstephan war 1040, als Abt Arnold von der Stadt Freising das Brau- und Schankrecht erhielt. Damit ist es das älteste Brauhaus der Welt und definitiv einen Besuch wert. Im Hof- und im Parterregarten des zur Weihenstephaner Uni gehörenden Geländes sind Hunde, an der Leine geführt, erlaubt. In allen anderen Lehr- und Versuchsgärten ist das Mitführen von Hunden nicht gestattet.

29

Gut Ising

Zwar zählt Gut Ising nicht zu den typischen Hundehotels, doch in puncto Hundefreundlichkeit kann es sich durchaus sehen lassen. Ob Pferdestall, Golfplatz oder Restaurant: Die Fellnase darf bis auf den Spa-Bereich so gut wie überall mit hin.

Wer Urlaub macht, mag ungern seinen Hund daheim lassen, denn schließlich gehört er zur Familie. Nicht leicht, einen Ort zu finden, in dem eine Fellnase ganz selbstverständlich respektiert und sogar herzlich willkommen geheißen wird. Gut Ising ist so eine kleine Oase, in der sich mit Sicherheit alle Gäste wohlfühlen – egal, ob Zwei- oder Vierbeiner. Hier sind sogar Pferde willkommen – nur dürfen die natürlich nicht mit aufs Zimmer, sondern kommen in eine der 50 Gastboxen. Einzig für Katzen ist das Gut tabu – aber das liegt eher an deren ungezähmtem Wesen.

Wer also seinen Hund mit in den Chiemgau bringt, kann sich auf einen entspannten Aufenthalt freuen. So darf der Vierbeiner seine Hundeeltern zum Beispiel auf den 9-Loch-Golfplatz von Gut Ising begleiten. Angeleint versteht sich – wie es sich für einen Hund mit Platzreife ziemt. Auch den zum Gut gehörenden Reitstall darf er besuchen. Und natürlich laden das wunderschöne Voralpenland zu verschiedensten Wanderungen, der Chiemsee zum Planschen sowie die kulturellen Stätten zum Sightseeing ein. Nicht wenige davon heißen Hunde durchaus willkommen.

Wenn die Schnüffelnase nach den spannenden Ausflügen bei den Hausdamen ein Extraleckerli ergattern möchte, nutzt sie natürlich die Hundedusche, um das Hotel nicht mit dreckigen Pfoten und nassem Fellgewand zu betreten. Wohlriechend und gut getrocknet kann sie so einige Punkte sammeln. Und während vor dem Restaurant eine gut gefüllte Hundebar mit frischem Wasser und Häppchen wartet, gibt es im Zimmer ein gemütliches Hundebett genauso wie einen eigenen Napf – da bleiben sicher keine Wünsche offen. Die Legende besagt sogar, dass es auf Gut Ising einige freilaufende Gasthunde gibt, die von sich aus die Rezeption besuchen, damit sie – die Erlaubnis der Besitzer vorausgesetzt – schon einmal aufs Zimmer gebracht werden.

Pluto ist da etwas zurückhaltender. Aber immerhin: Kaum hier, freundet er sich mit den beiden Hundestatuen vor dem Kavaliershaus an. Sie sehen ja auch wirklich wie seinesglei-

INFOS

Adresse: Gut Ising, Kirchberg 3, 83339 Chieming/Ising, Tel. 08667/790, gut-ising.de

Zum Gut Ising gehören acht Gebäude und 105 unterschiedliche Zimmer.

Insgesamt 170 Hektar ist das Areal von Gut Ising groß.

Auf Gut Ising werden Hunde herzlich willkommen geheißen.

chen aus. Doch wir sind am anderen Ende des Guts, das wie ein gemütliches kleines Dorf aufgebaut ist, auf der Terrasse des Restaurants Il Cavallo verabredet. Zum Aperitif genießen wir an diesem lauen Sommerabend den herrlichen Blick auf die majestätisch im Süden liegende Bergkulisse. Während uns zum vorzüglichen Hauptgericht mit hausgemachten Pappardelle rustica ein romantischer Sonnenuntergang kredenzt wird. Und auch für Pluto steht natürlich eine frische Wasserschüssel parat.

Nicht an diesem schönen Sommertag, aber irgendwann im Winter werde ich ausgiebig den Spa-Besuch nutzen. Denn ich möchte einen der größten Außenwhirlpools Deutschlands erleben. Auch gibt es hier eine finnische Sauna, eine Bio-Sauna sowie ein Dampfbad. Ebenso wartet ein großer Felsen-Pool sowie ein weiterer Jacuzzi darauf, entdeckt zu werden. Zwar darf mich Pluto dann nicht begleiten, aber dafür wird er einen herrlichen Ausflug im Chiemgau erleben, was ihm sicher lieber ist.

HINTERGRUND

Die insgesamt acht Gebäude von Gut Ising wurden aufwendig renoviert und beherbergen 105 unterschiedliche Zimmer und Suiten. Auf dem 170 Hektar großen Areal sind ein Reitstall, eine 9-Loch-Golfanlage, eine Tennisanlage, vier verschiedene Restaurants sowie ein großer Spa-Bereich vorhanden. So dürfte für jedes Familienmitglied das passende Erlebnis dabei sein. Hunde sind auf Gut Ising überall willkommen – einzig in den Spa-Bereich dürfen sie nicht. Die Übernachtung für den Hund wird mit 22 Euro berechnet.

30

Jochen Schweizer Arena

Ob Hundetraining, Candle-Light-Dinner oder Geburtstagsparty. Mit der Jochen Schweizer Arena in Taufkirchen gibt es nun einen neuen Ort, an dem auch Vierbeiner rundum versorgt werden. Klar, dass Pluto das Angebot einmal ausgiebig kosten wollte.

Wenn Hundeeltern einmal fein zum Essen gehen möchten, kommt der Vierbeiner meist ins Hintertreffen. Nicht so im Restaurant Schweizer's Kitchen in der Jochen Schweizer Arena in Taufkirchen bei München. Denn hier ist die Fellnase beim Candle-Light-Dinner herzlich willkommen. Einzig: Damit sich das Team vor Ort auf den Hund vorbereiten und einen geeigneten Termin finden kann, benötigt es bei der Buchung Name, Alter, Rasse und Gewicht des Hundes. So kann auch gleich der beste Sitzplatz gewählt werden, damit es dem Mensch-Hund-Team leichter fällt, die zehn Gebote des Arenahundes einzuhalten, darunter angeleint zu bleiben und andere Gäste möglichst nicht zu stören.

Beim Candle-Light-Dinner gibt's zur Begrüßung ein Leckerli und für Herrchen bzw. Frauchen einen Drink. Während der Besitzer – am besten kommt man zu zweit – ein Drei-Gänge-Menü aus der aktuellen Dinner-Karte wählt, erhält der Vierbeiner seine eigene Hundespeisekarte. Je nach Hunger kann er zwischen verschiedenen Fleischsorten à 200 g, 400 g oder 800 g Nassfutter wählen – natürlich nur vom Feinsten. Das Restaurant arbeitet mit einem Premiumfutterhersteller zusammen. Dessen Futter ist ausschließlich mit regionalen Produkten und auf wissenschaftlichen Erkenntnissen entsprechend des Nährwertbedarfs hergestellt. Selbstverständlich wird reichlich Wasser dazu gereicht. Und als Nachtisch wird ein hausgemachtes Hundeeis kredenzt – Pluto schmeckt alles vorzüglich.

INFOS

Adresse: Jochen Schweizer Arena, Ludwig-Bölkow-Allee 1, 82024 Taufkirchen, Tel. 089/45 24 45 59 95, jochen-schweizer-arena.de
Öffnungszeiten: Restaurant Schweizer's Kitchen Mo bis So 9–22 Uhr; Einsteigertraining auf dem Hunde-Parcours der Jochen Schweizer Arena: ganzjährig Sa bzw. So 9–17 Uhr bei passendem Wetter

Die Jochen Schweizer Arena bietet spezielle Hundeerlebnisse.

Candle-Light-Dinner – Für Hunde gibt es ein eigenes Menü.

Gut möglich, dass er seinen Hundegeburtstag in der Arena feiern möchte. Denn dann, so ist ihm zu Ohren gekommen, erhält er eine eigene Geburtstagstorte, während ich mein Zweibeiner-Drei-Gänge-Menü schlemmen darf. Dazu gibt es eine Hundegeburtstagsüberraschung, ein gemeinsames Foto sowie ein kleines Abschiedspräsent. Die Überraschung soll übrigens nicht nur ein spezielles Hundegeschenk, sondern auch eine großartige Hundemassage sein, aber das verrate ich Pluto noch nicht.

Außerdem überlege ich gerade, ob ich meine Fellnase einmal zum Einsteigertraining auf dem speziellen Hunde-Parcours der Jochen Schweizer Arena anmelden soll. Da kann ich sehen, was der Kleine draufhat und welche Hürden er noch überwinden mag. Zwischendrin gibt es eine Mittagspause in der Arena.

HINTERGRUND

Schweizer's Kitchen ist Teil der Erlebniswelt in der Jochen Schweizer Arena. Deren rotorenähnlicher Bau wurde im Jahr 2017 als Freizeit- und Erlebnisort für Abenteurer eröffnet. Er lädt zu vielen spannenden Aktivitäten wie Indoor-Surfen, Skydiven, Hochseilklettern und sogar E-Gaming ein. Und da Sport bekanntlich hungrig macht, gibt es im Zentrum des Rotors ein hochwertiges und gesundes Gastronomieangebot namens Schweizer's Kitchen. Seit Neuestem eben auch mit Spezialitäten für Hunde.

Der besondere Ausflug

Blick von der Fraueninsel auf die Bergkulisse und das Bayerische Meer

31

Fotoshooting

Was gibt es Schöneres, als ein professionelles Bild vom eigenen Hund zu haben? Das Konzept der beiden Fotografinnen von Cityschnauzen lautet: »Zwei Perspektiven, zwei Arten der Bildbearbeitung, aber nur ein Shooting.«

Ein gewisser Grundgehorsam sollte schon drin sein, wenn die Kamera ausgepackt wird: »Sitz, Platz und Bleib«, spätestens beim Fotoshooting zeigt sich, wer in der Hundeschule ein Musterschüler war. Einzige Ausnahme sind Welpen: Die dürfen einfach nur süß sein. Und für ein schönes Bild muss der Vierbeiner keine besonderen Kunststücke können. »Meistens beobachte ich den Hund eine Weile und fotografiere ihn bei dem, was er am besten kann«, erfahre ich von Daniela Schnabel-Sahm. Gemeinsam mit Sylvie Zollinger-Kuhnt hat sie die Cityschnauzen im Oktober 2020 ins Leben gerufen.

Die Idee dahinter: Den urbanen Hund dort abzubilden, wo er sich am meisten aufhält, nämlich in der Stadt. Genauer: in der bayerischen Landeshauptstadt. Das kann der Königsplatz sein oder eine U-Bahnstation, die Schwanthalerhöhe oder ganz einfach nur eine ausgefallene Treppe. Für die Umsetzung haben die beiden Fotografinnen spezielle Shooting-Days mit besonderen Themenschwerpunkten kreiert. An diesen Tagen gehen sie gemeinsam mit den Hundebesitzern und der zugehörigen Fellnase am gewählten Spot eine kleine Runde spazieren. So lernen sie das jeweilige Hundeteam besser kennen und können auch gleich den Hund perfekt in Szene setzen. Dabei arbeitet jede Fotografin in ihrem eigenen Stil. Frei nach dem Motto »zwei Perspektiven, zwei Arten der Bildbearbeitung, aber nur ein Shooting«. Entsprechend unterschiedlich sind die Fotos – jedes auf seine Art ein kunstvolles Unikat. Die beiden stecken viel Liebe in das Shooting, wie auch in die Vor- und Nachbearbeitung.

Nicht nur aufgrund des besseren Lichts treffen wir uns am frühen Morgen im Englischen Garten am Monopteros. Gewappnet mit verschiedenen Leckerlis, Halsband, Geschirr, Tracker, Pfeife und Leine begeben Pluto und ich uns zum Treffpunkt. Doch das ist alles zu viel des Guten. Denn am besten, so erfahre ich, kommt ein Hund auf dem Foto rüber, wenn es keine störenden Details gibt. Doch für einen Freilauf wäre draußen für Pluto viel zu viel Ablenkung vorhanden. Also kommt er zur Sicherheit an eine unsichtbare Fotografenleine. So

INFOS

Weitere Infos unter cityschnauzen.de

muss später nur noch das Halsband retuschiert werden.

Ich bin überrascht, wie gut sich meine Fellnase macht: sitzend, stehend, liegend. Trotz der vielen Perspektiven und Kulissen hält Pluto geduldig durch – wobei zwischendrin natürlich immer wieder Entspannungsmomente für ihn eingebaut sind. Nicht zuletzt liegt seine begeisterte Mitarbeit als Model sicher auch daran, dass die beiden Fotografinnen reichlich Hundeerfahrung mitbringen. Die Leckerlis sind stets passend platziert, sodass sein aufmerksamer Blick immer in die richtige Richtung folgt. Kleine Stylingfehler, wie beispielsweise eine hochgezogene Lefze, werden schnell korrigiert. Die Belohnung folgt prompt. Und so kommt es, dass Pluto neben Jagen ein weiteres Hobby entwickelt: Fotoshootings.

Perspektivenwechsel

Pluto am Monopteros

HINTERGRUND

Die beiden Fotografinnen Daniela Schnabel-Sahm von »Wie das Ding vom Vogel – Tierfoto« und Sylvie Zollinger-Kuhnt von »Hundefotografin München« entwickelten zusammen die Cityschnauzen Special Shooting Days. Dabei setzen sie die Vierbeiner der Stadt in urbaner Atmosphäre in Szene. Sie fotografieren gemeinsam, jede aus ihrer Perspektive und jede bearbeitet das Bild auf ihre Art. Und das alles bei einem Shooting. Die überraschenden Ergebnisse sprechen für sich.

32

Fraueninsel im Chiemsee

Den Chiemsee in einem Tagesausflug zu erobern, ist definitiv nicht zu schaffen. So wählen Pluto und sein Hundefreund Hollie für den Besuch die idyllische Fraueninsel aus. Sie ist das ganze Jahr über einen Besuch wert, im Herbst strahlt sie ein ganz besonderes Flair aus.

Meine Freundin Jenny gibt vorab zu bedenken: »Was machen wir, wenn Hollie nicht ins Schiff steigt?« Dann lassen wir uns Plan B einfallen, sind wir uns einig. Denn am Chiemsee wird es unseren Vierbeinern bestimmt nicht fad. Doch als wir in Gstadt ankommen, sind wir so schnell auf dem Schiff, dass Hollie gar keine Zeit zum Zögern hat. Verwundert schaut er sich an Deck um: Was ist das für ein lautes Geräusch und wo kommen die vielen Menschen her? Unser felliger Schiffsjunge meistert seine Sache ziemlich gut und geht, ohne seekrank zu werden, wieder von Bord. Vielleicht war ihm der mittlerweile schiffserfahrenere Leichtmatrose Pluto ja ein kleines Vorbild?

Die etwa zwölf Hektar große Insel nahe Gstadt am Chiemsee ist normalerweise in knapp 20 Minuten umrundet. Doch wir lassen uns Zeit. Die Hunde beobachten Enten und möchten ein bisschen planschen und Wasser schlabbern. Erstes Ziel ist die tausendjährige Tassilolinde, die auf dem mit 520 Metern höchsten Punkt der Insel steht und mit ihrem ca. acht Meter dicken Umfang vermutlich 500 Jahre alt ist. Gleich daneben steht die etwa ebenso alte, leider nicht mehr lebende, Marienlinde. Gemeinsam mit den früher insgesamt sieben Linden half sie den Chiemseefischern bei der seemännischen Peilung. Auch befindet sich hier das Kriegerdenkmal mit dem Bild des Chiemseemalers und Ehrenbürgers der Insel Hiasl Maier-Erding (1884–1933).

Wer sich die Klosterkirche Frauenwörth anschauen möchte, muss seinen Hund draußen lassen. Denn Vierbeiner dürfen nicht auf den davorliegenden Klosterfriedhof. Auf diesem

INFOS

Adresse: Überfahrt zur Fraueninsel entweder ab Gstadt (10 Min.) oder Prien (ca. 30 Min.). Anfahrt ist auch mit der Bahn ab München, dann weiter mit der legendären Dampfstraßenbahn von 1877 möglich (Anleinpflicht, bei Bedarf Maulkorb notwendig, Kampfhunde werden nicht befördert).

Hollie und Pluto an der Tassilo- und Marienlinde – den ältesten Bäumen des Landkreises.

Die karolingische
Torhalle dient als
perfekte Fotokulisse.

haben einige bekannte Maler, Bildhauer, Schriftsteller und Professoren ihre letzte Ruhe gefunden. Das Marienmünster, eine dreischiffige Basilika aus dem 11. bzw. frühen 12. Jahrhundert, zählt zu den ältesten kirchlichen Großbauten des süddeutschen Raums und beherbergt unter anderem die Gebeine der seligen Irmingard, die auch Schutzpatronin der Insel sowie des Chiemgaus ist.

Hollie und Pluto haben aber auch draußen ihren Spaß. Wir trainieren »Sitz« und »Bleib« an der karolingischen Torhalle aus dem 9. Jahrhundert. Die Jungs machen ihre Sache gut. Sie sind das perfekte Team. Nach Fotosessions, Schnuppern und Staunen kehren wir schließlich erschöpft im Gasthaus Zur Linde ein. Die Hunde bekommen Kauknochen und wir einen hervorragenden Kaspressknödel auf Salat. Im Sommer hat der Inselbesucher zwischen den verschiedenen Einkehrmöglichkeiten die Qual der Wahl – von schick bis badehosentauglich. Als Klassiker gilt, eine Fischsemmel to go von einem der Chiemseefischer zu verspeisen. Am besten passt dazu eine kühle Halbe aus dem Inselbräu.

Den Rückweg treten wir über die Herreninsel an, der wir ursprünglich auch noch eine Stippvisite mit ausgiebigem Herbstspaziergang über das 238 Hektar große Areal abstatten wollten. Hier steht nicht nur das unvollendete Prunkschloss von Ludwig II. – in das Hunde nicht mitgenommen werden dürfen –, sondern von ihr bieten sich herrliche Ausblicke auf die Berge. Doch wir verschieben den Besuch der Herreninsel, denn das Wetter schlägt um und nicht nur die Hunde sind müde. So schippern wir gemütlich gen Prien, wo wir ein zweites Auto geparkt haben.

Schifffahren gehört zum Abenteuer Fraueninsel dazu.

HINTERGRUND

Die Fraueninsel ist etwa zwölf Hektar groß. Vor allem das Benediktinerinnenkloster Frauenwörth prägt den Charakter der Insel. Sehenswert sind der Campanile, der Lindenhain, die karolingische Torhalle, der Inselfriedhof und die Klosterkirche Frauenwörth.
Der Ort Frauenchiemsee besteht aus 50 Häusern, in denen an die 300 Menschen leben.
Die Insel ist auto- und fahrradfrei. Auf der ganzen Insel besteht Anleinpflicht für Hunde.

33

Golfen in Riem

Warum ein Hund auf den Golfplatz sollte? Weil er Zeuge der weltweit ersten Golfversuche ist – zumindest der Legende nach. Denn schottische Schäfer sollen aus Zeitvertreib mit ihrem Stock Steine in Mauselöcher geschossen haben. Doch mittlerweile weiß man: Schon im alten China wurde Golf gespielt. Aber gab es da nicht auch schon Schäfer?

An der Rezeption des Golfclubs Riem erfahre ich: »Klar darf der Hund mit auf den Golfplatz, er darf aber nicht frei herumlaufen, sollte niemanden belästigen und am besten am Golfbag befestigt sein.« Auch wenn Pluto noch kein Jahr bei mir ist, traue ich ihm mittlerweile so einiges zu. Auch einen Gang über den Golfplatz. Und da ich Fotos machen möchte, nehme ich mir eine hundeerfahrene Golfspielerin zur Seite. »Mein Hund hat leider riesige Angst vor dem Golfschläger«, erzählt sie mir. Doch ich bin zuversichtlich, dass Pluto alles brav mitmacht.

So suchen wir uns – bevor das eigentliche Spiel losgeht – einen schönen Platz und beginnen die Fotosession. Pluto bleibt vertrauensvoll neben der für ihn fremden Person, setzt sein Fotogesicht auf und »Klick, klick, klick« – perfekt. Die ersten Fotos sind im Kasten. Zeit für die nächste Foto-Location. Das Golfbag wird abgestellt, der Hund angeleint in den Sitz gebracht, das Golftee in den Boden gesteckt und los geht's. Diesmal mit mehr Action: Zu hören ist ein undefinierbares »Zuschschschsch ...« – und die Show beginnt. Erschrocken springt Pluto auf, sprintet davon, zieht das Golfbag im Leinenabstand hinter sich her, verteilt dessen Inhalte über den Platz, dreht sich panisch nach seinem aufdringlichen Verfolger um und versteht die Welt nicht mehr. Kurzerhand werfe ich die Kamera ins Gras, sause zu meinem Schützling und befreie ihn von seinem vermeintlichen Peiniger, dem Golfbag. Währenddessen sammelt meine Golfbegleitung ihre verstreuten Habseligkeiten ein. Wie peinlich ist mir das denn!

Innerlich bin ich sauer auf mich selbst. Wie gedankenlos von mir! Nicht nur die Schlagbewegung an sich, sondern auch die Geräuschkulisse ist für jeden Hund gewöhnungsbedürftig. Wenn schon vom Welpenalter an gut

INFOS

Adresse: Golfzentrum München Riem, Graf-Lehndorff-Straße 36, 81929 München, gcriem.de, golf-mit-hunden.de, golfhunde.de

Hunde sind mittlerweile auf vielen Golfplätzen erlaubt.

sozialisierte Haushunde in eigens dafür ausgebildeten Hundeschulen die Platzreife erwerben, warum war ich der Meinung, dass mein vorbelasteter, vierbeiniger Streuner das alles treuherzig mitmacht? Zum Glück waren wir so gut wie allein auf dem Platz und haben niemanden belästigt. Trotzdem verlasse ich auf dem schnellsten Wege das Gelände und mache eine Notiz mit ganz vielen Ausrufezeichen an mich selbst: Bevor ich das nächste Mal mit Pluto zum Putten gehe, erhält er eine Golf-Begleithunde-Ausbildung. Egal, ob er dies in einem Wochenende schafft oder ganz viele Einzelstunden benötigt.

HINTERGRUND

Auf vielen Golfplätzen in und um München, wie beispielsweise am Golfzentrum München Riem, ist das Mitnehmen von Hunden erlaubt. So können Besitzer und Vierbeiner einen entspannten Spaziergang an der frischen Luft genießen. Voraussetzung ist jedoch, dass der Hund eine Art Platzreife besitzt. Diese kann man ihm selbst beibringen oder per Hundeschule für »Golfhunde« in München. Zur Platzreife gehören unter anderem Leinenführigkeit, Impulskontrolle und das Aushalten fliegender Bälle.

34

Tegernsee

Der Tegernsee, bekannt und bei vielen Ausflüglern äußerst beliebt, entpuppt sich als wahres Hundeparadies. Denn der See wartet mit vier extra ausgewiesenen Hundebadestellen auf.

Pluto kann seine Freundin Lieserl leider nicht begleiten, als sie zum Tegernsee fährt. Doch dafür erzählt sie ihm später von ihren unvergesslichen Hundeerlebnissen. Seitdem liegt mir mein Vierbeiner in den Ohren, dass er dieses schöne Fleckerl Erde auch einmal besuchen möchte.

Begeistert ist Lieserl vor allem von den vier Hundebadestellen rund um den See. Am besten gefallen hat ihr das seichte Gewässer an dem herrlich weißen Kiesstrand von Gmund. Der Hundestrand reicht vom Mangfallsteg bis hin zur nächsten Querstraße. Somit ist er groß genug, dass Fellnasen hier ausgiebig herumtollen und planschen können, während sich die Hundeeltern in der Sonne aalen. Oder Stöckchen werfen, wie es die Skulpturengruppe »Herr und Hund« von Bildhauer Quirin Roth am Nordteil des Strandes vormacht. Vermutlich genau so hatte Thomas Mann mit seinem altdänischen Vorsteherhund Bauschan an dieser Stelle gespielt, als er 1918 an der gleichnamigen Erzählung am Tegernsee arbeitete.

Damit Pluto einen Rundumblick erhält, spaziert Lieserl entlang des Leeberger Höhenwegs in Tegernsee. Besonders erschnüffelnswert findet sie das halbrunde Marmordenkmal des Heimatdichters Karl Stieler. Am großen Paraplui bewundert sie anschließend die herrliche Aussicht, wie es auch schon die hochrangigen Gäste des Königs Max I. Joseph von Bayern getan haben. Denn anlässlich des Dreikönigstreffens am 8. Oktober 1822 führte er Franz I. Kaiser von Österreich und Alexander I. Kaiser von Russland extra zu diesem einzigartigen Platz hinauf. Spannend findet Lieserl schließlich den letzten Teil des Weges: Denn dieser geht per Schiff zurück nach Tegernsee. Was für ein Abenteuer! Anschließend ist Zeit für eine Verschnaufpause im legendären Bräustüberl.

Wie gut, dass Lieserl gleich mehrere Tage am Tegernsee verbringt. So kann sie noch weitere Hundebadestrände, wie den Hundestrand in Abwinkl, erkunden. In der Nähe steht der

INFOS

Adressen: Die vier Hundestrände des Tegernsees liegen in Gmund am Mangfallsteg, in Bad Wiessee neben dem Badestrand Hubertus im Ortsteil Abwinkl, in Rottach-Egern neben der Popperwiese sowie an der Weissachmündung. Weitere Infos unter tegernsee.com

Lieserl erschnüffelt das halbrunde Marmordenkmal des Heimatdichters Karl Stieler.

Lieserl entspannt
am Tegernsee.
Pfote mit Herz (unten)

Rund um den Tegernsee gibt es herrliche Spazier- und Wanderwege.

Aquadome. Er ist mit 60 000 Litern das größte Süßwasseraquarium Bayerns. Das Schöne: Auch Hunde dürfen hinein. Ob Hecht oder Forelle, Karpfen oder Saibling – hier kann Lieserl an die 20 typische Fischarten des Tegernsees aus nächster Nähe beobachten.

Als weiteren Tipp bringt Lieserl die Gassirunde entlang des östlichen Weissachdamms mit. Perfekt zum Wassertreten und Schnüffeln. Die westliche Seite des Damms sowie in Kreuth auch ein Teil der östlichen Seite gelten als hundefreie Zone.

Hundefreundliche Übernachtungsmöglichkeiten hat Lieserl für Pluto ebenfalls ausfindig gemacht. Dazu gehören das Ferienhaus »Tegernseetraum« in Rottach-Egern, die »Tegernsee Suites« in Gmund sowie das »Schnitzers dahoam« in Bad Wiessee. Letzteres bietet übrigens immer mal wieder spezielle Hundeevents an.

HINTERGRUND

Hunde sind bei der Seenschifffahrt und in der Wallbergbahn erlaubt. Anleinpflicht für Hunde gilt an allen Seepromenaden sowie auf der Nordseite des Rottach-Dammwegs. Als hundefreie Zonen gelten in Tegernsee das gesamte Point-Gelände, in der Gemeinde Rottach-Egern von Mai bis September die Popperwiese sowie die Strecke am See entlang hinauf bis zur Kobellstraße und die westliche Seite der Weissach. Außerdem herrscht vom 1. Mai bis zum 30. September ein Hundeverbot auf den Bade- und Liegewiesen des Freibadgeländes Schorn. In Bad Wiessee gelten alle sogenannten gärtnerisch gestalteten Flächen entlang öffentlicher Verkehrsflächen, die Bade- und Liegewiese des Freibades in Abwinkl und der Kurpark in Abwinkl als hundefreie Zone.

35

Virtuell unterwegs

Die Erfahrungen der letzten Jahre hatten auch ein Gutes: Wir haben gelernt, uns allein zu beschäftigen, und waren virtuell mit der Welt in Kontakt. Wer also gerade nicht verreisen kann, erlebt mit der Hundeschule Talenthund online und bei sich vor Ort ungeahnte Abenteuer.

Caro Wessollek von der Hundeschule Talenthund erklärt: »Wir bieten allen interessierten Mensch-Hunde-Teams verschiedene Challenges an, die zu ihrem persönlichen Leben und ihren individuellen Stärken am besten passen, egal, für welche Herausforderung sich der Hundebesitzer entscheidet, letztendlich geht es darum, dass er sich Ziele setzt und bewusst mit seinem Hund interagiert – nur so entwickeln sich beide weiter. Vor allem festigen unsere virtuellen Challenges die Mensch-Hund-Bindung.«

Pluto und ich probieren es aus. Wie praktisch, einen Coach an der Seite zu haben, der einen je nach Challenge auch manchmal täglich auf ein neues Abenteuer schickt. Zunächst suche ich mir die Fotochallenge heraus. Das Motto lautet »28 Tage, 28 Bilder«. Jeden Tag ein Bild posten – entweder nur für sich selbst, für die interne Gruppe oder, wer will, auch über soziale Medien – das sollte machbar sein. Okay, ich schummele etwas, denn als ich die Challenge mache, startet aktuell niemand mit mir. Also stelle ich mir mein eigenes Thema zusammen: »Mein erstes Jahr mit Pluto«. Und während ich mir täglich eine neue Bildauswahl überlege, bemerke ich erstaunt, was meine kleine Fellnase schon so alles erlebt und geleistet hat. Und an mir selbst stelle ich fest: Der eigene Anspruch an ein tolles Foto, das hoffentlich auch andere begeistert, wächst von Tag zu Tag. Zum Abschluss der Challenge gibt es eine kleine Belohnung: die Auszeichnung als Fototalent.

Der Start ins neue Jahr ruft zur nächsten Herausforderung auf: die Happy New Year Challenge. Geplant sind 30 Tage und 30 Übungen, damit das Mensch-Hunde-Team enger zusammenwächst. Natürlich könnte und kann man die Challenge an jedem Tag des Jahres beginnen, doch die Idee passt natürlich bestens zur Mystik des Jahresanfangs und zu den guten Vorsätzen. Wir beginnen am ersten Tag mit einem Status quo, ziehen positive, aber auch negative Bilanz – bei Letzterer sprechen wir besser von Entwicklungspotenzial. Alle Punkte visuali-

INFOS

Weitere Infos bei Caro Wessollek unter talenthund.de

Für virtuelle Trainings bedarf es der passenden Filme und Fotos.

Mit Freunden vor Ort können Mantrailingkurse auch virtuell durchgeführt werden.

siert, scheinen der Weg und das Ziel schon viel greifbarer. Doch diese Challenge will mehr, denn sie fordert die Vielseitigkeit des Teams heraus.

Mal gilt es, die Gassirunde auf mindestens fünf Kilometer am Tag auszuweiten, mal Hundekekse zu backen oder in die Hundetrickkiste zu greifen. Alles natürlich belegt per Foto, Video oder GPS-Daten. Und wie schon bei der Fotochallenge bemerkt, entwickelt sich im Laufe der Zeit ein immer größerer Ehrgeiz. Wurde der Hundetrick sauber ausgeführt? Kann ich das Beweisvideo noch besser schneiden? Bringe ich bei der Challenge den Wau- bzw. den Wow-Effekt? Doch mehr als das Ergebnis zählt selbstverständlich der besondere Spaß miteinander. Und den haben wir: Mir geht immer das Herz auf, wenn ich bei jeder neuen Herausforderung in die erwartungsvollen, großen Hundeaugen von Pluto schaue. Ein weiteres, virtuell unterstütztes Erlebnis mit Talenthund ist Mantrailing. Aber Achtung: Ohne fundierte Vorerfahrung geht das nicht! Entsprechend sollte vorher ein Mantrailingkurs besucht worden sein – den bietet Caro auch als Einzeltraining online an. Wichtig ist, dass sich keine Fehler einschleichen. Schließlich muss die Spurensuche für den Hund so aufgebaut sein, dass sie für ihn Lust und nicht Frust bedeutet. Der virtuelle Mantrailingkurs ist perfekt für jeden, der vor Ort und live keine Chance hat, seinem Hund Nasenarbeit mit anderen Teams zu bieten. Nichtsdestotrotz benötigt er zwei weitere Personen, die ihn beim Training begleiten. Und: Es braucht entsprechende Videos, so dass die Aktivität im Anschluss von Caro fachgerecht analysiert werden kann. Der Clou: Das Mantrailing mit virtueller Unterstützung wird zum gemeinsamen Abenteuerausflug mit Freunden und der Familie.

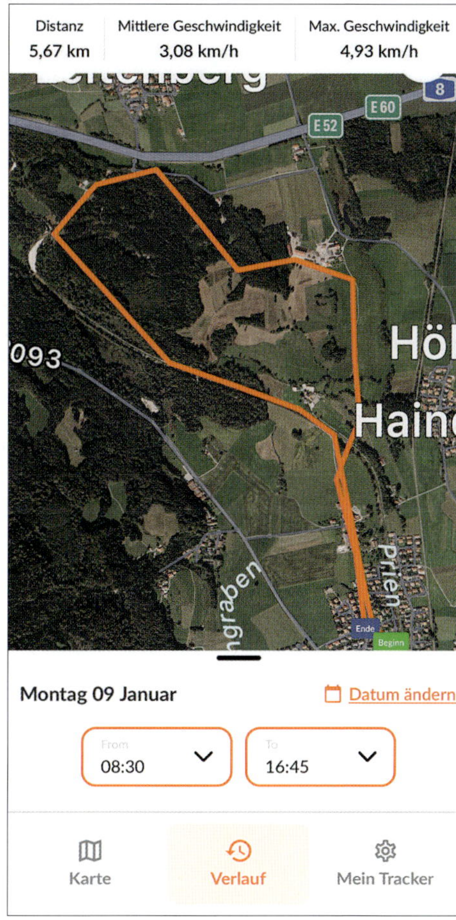

Ein Tag der »Happy New Year Challenge«

Schnüffelstoff plus Belohnungen

Danksagung

Ein Buch zu schreiben, fordert so einiges ab. Nicht nur demjenigen, der sich Autor nennt, sondern auch all denjenigen, die mit diesem direkt im Kontakt stehen. Denn eins mag dieser ganz und gar nicht: Bei den vielen Eingebungen jäh unterbrochen zu werden. So erwartet der Schreibende von seiner Umgebung wahrlich viel Geduld.

Mein größter Dank gilt meinem vierbeinigen Begleiter Pluto, der mich zu allen unseren Abenteuern inspirierte und der mich stets begleitete. Und: den ich in kurzer Zeit vor Herausforderungen stellte, deren Existenz er als Straßenhund, auf einer griechischen Insel lebend, sicherlich nicht erahnen konnte. Danke dir, mein treuer Gefährte, dass du mir so großartig vertraust und alles so brav mitgemacht hast.

Mein Dank gilt auch allen weiteren Fellnasen wie Hollie, Yuna und Lieserl, Freunden wie Jenny, Katrin, Christine und Julia, Bekannten und auch vielen Begegnungen, deren Tipps mir zu diesem Werk verhalfen und die mit uns den ein oder anderen Ausflug unternahmen. Und natürlich all jenen, die ich vor Ort besuchen durfte, wie Susa, Deniz, Claudia, Moni, Caro und Jennifer, die dadurch die vielen eindrucksvollen Erlebnisse überhaupt erst möglich gemacht haben. Mein Dank gilt zudem auch allen, die mich beim so wichtigen Bebildern der Ausflüge unterstützten, dazu gehören die Cityschnauzen Special Shooting Days, Franz Faltermaier Photodesign, Manuela Hörmann, Thomas Pfannkuch, Julia Skowronek Photography, Caroline Wessollek, Carmen Willer, Christine Weber, Foto Wieland, die Ammergauer Alpen, Simon Bauer Photography, das Creativ Studio und Carolin Tietz Fotografie. Nicht zuletzt richte ich meinen Dank an den J. Berg Verlag, der die Idee zu dem spannenden Projekt hatte und meiner Schnüffelnase sowie mir das Vertrauen entgegenbrachte, den richtigen Riecher für einen spannenden Inhalt zu haben. Insbesondere danke ich Lea Niesler, die die Verantwortung für das Buch hatte, Christian Schneider in seiner Funktion als geduldiger und inspirierender Lektor, Ralf J. Klumb von den Wordworms, der beim Korrektorat die kleinen, versteckten Fehler enttarnte, Elke Mader für das wunderschöne Layout, Ludwig Media für die Repro, Heidi Schmalfuß für die Kartografie, Bettina Schippel für die Herstellung des Buches und der Druckerei CGS Printing sp.O.o. aus Polen: Mit ihrer großartigen Hilfe ist das Buch zu diesem rundum stimmigen Werk geworden, das mir aus Freude für meinen kleinen Streuner Tränen des Glücks in die Augen treibt.

In dem Sinne hoffe ich, dass schließlich auch Sie, lieber Leser, die empfohlenen Abenteuer in und um München gemeinsam mit Ihrer Begleitung auf vier Pfoten mit genauso viel Spaß genießen werden.

Almut Otto
München/Aschau, im Januar 2023

Register

Impressum

Verantwortlich: Lea Niesler
Lektorat: Christian Schneider
Korrektorat: Ralf J. Klumb | The Wordworms
Layout: Elke Mader
Repro: LUDWIG:media
Kartografie: Bruckmann Kartografie, Heidi Schmalfuß
Herstellung: Bettina Schippel
Printed in Poland by CGS Printing sp.O.o.

★★★★★

Sind Sie mit diesem Titel zufrieden? Dann würden wir uns über Ihre Weiterempfehlung freuen. Erzählen Sie es im Freundeskreis, berichten Sie Ihrem Buchhändler oder bewerten Sie bei Onlinekauf. Und wenn Sie Kritik, Korrekturen oder Aktualisierungen haben, freuen wir uns über Ihre Nachricht an J. Berg Verlag, Postfach 40 02 09, D-80702 München oder per E-Mail an lektorat@verlagshaus.de.

Unser komplettes Programm finden Sie unter www.j-berg-verlag.de

In diesem Buch wird aus Gründen der besseren Lesbarkeit das generische Maskulinum verwendet. Weibliche und anderweitige Geschlechteridentitäten werden dabei ausdrücklich mitgemeint, soweit es für die Aussage erforderlich ist.

Empfehlung der Redaktion
Sie sind auf der Suche nach weiterführender Literatur? Dann empfehlen wir Ihnen den Titel »Einfach raus in & um München« von Maria Eckl. Oder Sie werfen einen Blick in die Zeitschrift BERGSTEIGER. Hier werden Sie bestimmt fündig.

Bildnachweis: Alle Bilder stammen von der Autorin. Ausnahmen sind der Einklinker auf dem Titel und die Bilder von S. 109, sie stammen von Wddvv Tierfoto Daniela Schnabel-Sahm, hinzu kommen Fotos von Manuela Hörmann, S. 8; Susa Schnüffelgarten München, S. 41; Deniz Göcen, S. 65; Simon Bauer, S. 66; Mareike Delp, S. 67; Carolin Tietz Fotografie, S. 72/73, S. 75, S. 76, S. 77; studio@foto-wieland.de, S. 79, S. 80; Thomas Pfannkuch, S. 83, U4; Carmen Willer, S. 87, S. 88, S. 89; Gut Ising, S. 90/91, S. 101, S. 102; www.creativ-studio.eu, S. 95 unten; Franz Faltermaier Photodesign, S. 105; Christine Weber, S. 117, S. 118, S. 119; Carolin Wessollek, S. 121, S. 122

Umschlagvorderseite: Pluto im Botanischen Garten München (Tour 2) sowie am Monopteros (Tour 31)
Umschlagrückseite: Pluto beim SUPen auf dem Chiemsee (Tour 23)

Die Deutsche Nationalbibliothek verzeichnet diese Publikation in der Deutschen Nationalbibliografie; detaillierte bibliografische Daten sind im Internet über http://dnb.d-nb.de abrufbar.

ISBN 978-3-86246-992-5